HÉLOÏSE

ET

ABÉLARD

OPÉRA COMIQUE EN TROIS ACTES

PAR

MM. CLAIRVILLE ET WILLIAM BUSNACH

MUSIQUE DE

M. HENRY LITOLFF

PARIS

L. BATHLOT,	A. CORCIER
ÉDITEUR DE MUSIQUE	LIBRAIRE
37, rue de l'Échiquier.	9, Faubourg du Temple.

TRESSE, libraire, 10 et 11, galerie de Chartres, Palais-Royal.

BRUXELLES

J. BLANCHE, éditeur, rue de Loxum, 11

1872

HÉLOÏSE

ET

ABÉLARD

Représenté pour la première fois, à Paris, sur le théâtre
des Folies-Dramatiques, le 17 octobre 1872.

PERSONNAGES

FULBERT..........................	MM. Milher.
ABÉLARD, professeur...............	Luce.
EGINHARD, troubadour............	Verdelet.
BONIFACE, perruquier.....	Vavasseur.
FRIQUET, garçon perruquier.........	Haymé.
LE CAPITAINE ASTROLABIUS.....	Speck.
UN CLIENT	Jeault.
HÉLOISE, nièce de Fulbert...........	Mmes Coraly-Geoffroy.
BERTRADE, femme de Boniface.	Paola-Marié.
MARTHA, bourgeoise...............	Toudouze.
FOLLETTE, bourgeoise	Rose Thé.
LIONEL, troubadour...............	Aliéri.
CLODOMIR, troubadour............	Berthe.
ROLAND, troubadour..............	Anaïs.
ARNOLD, troubadour..............	
OLIVIER, troubadour.	

Peuple, étudiants, sbires, troubadours.

La scène se passe à Paris en l'année 1110

Pour la mise en scène exacte de l'ouvrage, s'adresser à M. Masson régisseur général du théâtre des Folies-Dramatiques.

HÉLOÏSE

ET

ABÉLARD

OPÉRA COMIQUE EN TROIS ACTES.

PAR

MM. CLAIRVILLE ET WILLIAM BUSNACH

MUSIQUE DE

M. HENRY LITOLFF

PARIS

<table>
<tr><td>L. BATHLOT,
ÉDITEUR DE MUSIQUE
37, rue de l'Échiquier.</td><td>A. CORCIER
LIBRAIRE
9, Faubourg-du-Temple.</td></tr>
</table>

TRESSE, libraire, 10 et 11, galerie de Chartres, Palais-Royal·

BRUXELLES

J. BLANCHE, éditeur, rue de Loxum, 11

1872

PARIS. — IMPRIMERIE ALCAN-LÉVY, 61, RUE DE LAFAYETTE.

HÉLOÏSE

ET

ABÉLARD

ACTE PREMIER

Une boutique de barbier. — Grande porte au fond. — Vitrages
avec volets. — A gauche, une armoire où sont les serviettes.
— Portes latérales. — A droite, un petit meuble avec un mi-
roir et des perruques. — Un comptoir avec des plats à
barbe, à gauche (2ᵉ plan).

SCÈNE PREMIÈRE

FRIQUET, PRATIQUES, *puis* BONIFACE.

Au lever du rideau, Friquet d'un côté, et un deuxième perruquier de l'autre, rasent chacun l'une des pratiques; deux
autres, déjà la serviette au cou, attendent aussi que leur tour
soit venu, et deux autres attendent debout.

INTRODUCTION EN CHŒUR

ENSEMBLE.

LES PRATIQUES.	FRIQUET ET LE GARÇON PERRUQUIER.
Ah! c'est à perdre patience,	Nous travaillons en conscience,
Et c'est de même chaque jour,	Ce n'est pas ainsi chaque jour;
Ayez donc plus de conscience.	De grâce, un peu de patience,
A mon tour, à mon tour.	Vous passerez à votre tour.

Quatre nouveaux personnages entrent dans la boutique; ils son
furieux en voyant les places prises, et le chœur recommence.

REPRISE.

Ah ! c'est à perdre patience, | Nous travaillons en conscience,
etc., etc.   etc., etc.

FRIQUET.

Crier est inutile,
Le bourgeois rase en ville,
Et depuis hier soir
Tous nos garçons sont allés voir
Ce qui se passe au quartier des Écoles.

TOUS.

Que se passe-t-il donc ?   *(Bis.)*

FRIQUET.

Avec acharnement
On y discute en s'y distribuant
Plus de torgnoles
Que de paroles.

TOUS.

Parlez, racontez-nous cela.

FRIQUET.

Je le veux bien.   *(Bis.)*
(À la pratique qu'il rasait.
C'est terminé.

DEUXIÈME PERRUQUIER, *à sa pratique.*

Voilà.

À deux autres.

FRIQUET, *à un autre client.*

Placez-vous là.

TOUS.

Parlez, parlez !

FRIQUET.

Bon, m'y voilà.
(Tout en savonnant et rasant le client.)

CHANSON.

I

Depuis un mois, de toute part,
On parle de Pierre Abélard,
Un grand maître en théologie,
Dont les moines de l'abbaye
Voudraient humilier l'orgueil.

LE CLIENT.

Pristi! j'ai du savon dans l'œil.

FRIQUET.

Maître Abélard défend sa thèse.
Les moines la trouvent mauvaise.
C'est ceci, c'est cela.
Patati, patata.
On parle, on crie, on braille,
On se livre bataille.
Pif, pouf, paf.

LE CLIENT.

Ah!

FRIQUET.

Quoi donc ?

LE CLIENT.

Terminez,
Vous allez me couper le nez.

II

FRIQUET.

Les moines ont leurs partisans,
Mais les jeunes étudiants
D'Abélard prennent la défense.
Partout, de distance en distance,
L'un sur l'autre on marche à grands pas.

LE CLIENT.

Mais ne gesticulez donc pas.

FRIQUET.

Ne craignez rien, soyez tranquille,
On entend par toute la ville,
C'est ceci, c'est cela,
Patati, patata.
On parle, on crie, on braille,
On se livre bataille.
Pif, pouf, paf, pif, pouf.

LE CLIENT, *jetant un cri.*

Ah !

FRIQUET.

Pardonnez.

LE CLIENT.

Bon, vous m'avez coupé le nez.

FRIQUET, *lui mettant un énorme morceau d'amadou*
sur le nez.

Voici de l'amadou, ce ne sera rien.

BONIFACE, *au dehors.*

Au secours ! au secours !

TOUS, *allant à la porte.*

Qu'y-a-t-il ?

FRIQUET, *se cachant derrière le comptoir.*

On crie : Au secours ! fermez la boutique !

LE CLIENT.

Eh ! c'est Boniface !

FRIQUET.

Le patron ! ne fermez pas !

BONIFACE, *entrant en courant et tout bouleversé.*

Place ! place ! ne m'arrêtez pas, laissez-moi passer.
(*Il va tomber sur une chaise.*)

TOUS.

Qu'y a-t-il donc ? Mais qu'est-ce donc ?

BONIFACE.

Ah ! mes amis, mes enfants, on va se battre, s'exter--
miner.

TOUS.

Où çà ? où çà ?

BONIFACE.

Comment, vous restez ici ? Et vos femmes, malheureux,
vos femmes. (*Cris de femmes au dehors.*) Tenez, tenez
entendez-vous ?

SCÈNE II

LES MÊMES, FOLLETTE, MARTHA, *une douzaine de*
femmes.

CHŒUR.

LES FEMMES.	LES MARIS.
Au secours ! sauvez-nous	Parlez donc ! Qu'avez-vous ?
Des dangers qui nous menacent;	D'effroi, vos terreurs nous glacent
D'affreuses choses se passent;	Ces dangers qui vous menacent,
A notre aide, venez tous !	Quels sont-ils ? dites-le-nous.

ACTE I.

FOLLETTE.

Faire sa barbe est inutile
Quand la discorde est dans Paris.

MARTHA.

Les étudiants par la ville
Courent, en poussant de grands cris.

FOLLETTE.

De leurs clameurs étourdissantes
Tous nos quartiers sont ahuris.

MARTHA.

Et toutes, pâles et tremblantes,
Nous venons chercher nos maris.

LES MARIS.

Mais à tort, vous tremblez sans doute.

LES FEMMES.

On s'ameute de toute part.
(Cris d'étudiants au dehors.)
Vive Abélard ! vive Abélard !

LES MARIS.

Oui, le danger menace. En route,
Nous ne pourrions rentrer plus tard.
(Nouveaux cris au dehors.)
Vive Abélard ! vive Abélard !

FRIQUET.

Mais restez donc, à qui le tour ?

LES MARIS.

Vous nous ferez la barbe un autre jour.

Chœur général.

Deux à deux, quatre à quatre,
Bien vite, rentrons tous !
Et si l'on doit se battre,
Qu'on se batte sans nous !
(Sortie des pratiques et de leurs femmes.)

SCÈNE III

BONIFACE, FRIQUET.

FRIQUET, *à part.*

Le patron bisque... moi pas!... parce que, quand il s'agit de ne pas travailler, je suis là, moi! (*Il s'assied.*)

BONIFACE.

Qu'est ce que tu fais donc?

FRIQUET, *les jambes croisées.*

Je fais comme vous, j'attends la pratique... en déplorant les agitations du dehors qui nous empêchent de gagner notre pauvre existence!... (*A part.*) J'ai joliment envie d'aller un peu les voir les agitations! (*Haut.*) Est-ce que vous ne croyez pas qu'il serait prudent de fermer la boutique? (*Il se lève.*)

BONIFACE, *sans l'écouter.*

Voilà encore une journée de perdue! Et toujours par la faute de ces maudits étudiants... et de leur satané Abélard... Est-ce que tu le connais, toi, cet Abélard ?

FRIQUET.

Moi... pas du tout... Mais il paraît que c'est un grand homme!

BONIFACE.

Qui ne pense pas comme les autres!

FRIQUET .

Parce qu'il pense mieux!

BONIFACE.

Eh bien! voilà où je trouve qu'il a tort! parce que, vois-tu bien, Friquet... dans un monde d'imbéciles, la bêtise est d'avoir de l'esprit... De même, dans un monde qui pense mal, l'homme le moins compris... tu me suis bien, Friquet...

FRIQUET.

Certainement, patron. (*A part.*) Il m'embête avec ses racontages! Ah! il ne veut pas fermer la boutique. (*Il s'éloigne un peu et prend un pain de savon.*)

BONIFACE, *poursuivant.*

Dans un monde qui pense mal... l'homme le moins compris doit être nécessairement celui qui pense bien!...

FRIQUET.

Oui, m'sieu Boniface. (*Sans être vu, il jette le savon dans le carreau qui se brise.*) Ah!

BONIFACE, *effrayé.*

Ciel! Une pierre dans mes carreaux! c'est une émeute! Ferme vite, Friquet, ferme vite!

FRIQUET.

Oh! oui, patron! (*A part.*) Je crois que je vais y aller, aux agitations! (*Il ferme les volets en dehors.*)

BONIFACE.

Et ma femme... ma chère petite femme que j'ai eu l'imprudence de laisser sortir ce matin! S'il allait lui arriver quelque chose...

FRIQUET, *reparaissant.*

Là! voilà qui est fait, je laisse la porte entrebâillée...

BONIFACE.

Bien...

FRIQUET.

Et maintenant que vous n'avez plus besoin de moi...

BONIFACE.

Plus besoin de toi, ici, non... mais besoin de toi ailleurs, oui! Et nos clients qui attendent... Tu oublies donc que, tous les matins, je rase en ville?

FRIQUET.

Eh bien, allez-y...

BONIFACE.

Dans l'état nerveux où je me trouve, impossible! mais toi qui n'es pas dans un état nerveux... tiens! (*Lui donnant le plat à barbe.*) Va raser pour moi, va...

FRIQUET, *à part.*

Quel ennui! (*Haut.*) Mais patron, si l'on se bat dans les quartiers où...

BONIFACE.

Si l'on se bat, tu tâcheras de n'être pas battu... Et si tu es battu, ça m'est parfaitement égal. (*Il écrit sur un papier.*)

FRIQUET, *à part.*

Eh bien ! s'ils attendent après moi, ceux-là ! Plus souvent que je vais aller raser, je vais aller aux émeutes... Et je crierai aussi : Vive Abélard... Je ne sais pas pourquoi, mais ça vexe le patron, ça me suffit.

BONIFACE.

Tiens... voilà la liste des clients chez lesquels... Ah ! que je suis bête... j'ai mis là-dessus monsieur le grand prévôt... j'oubliais que je dois y aller en personne pour lui demander une réponse au sujet de...

FRIQUET.

Au sujet de...

BONIFACE.

Ça ne te regarde pas... A-t-on jamais vu ! Je me rendrai chez lui dès que Bertrade sera rentrée.

FRIQUET.

Adieu, patron !

BONIFACE.

Et surtout ne flâne pas !

FRIQUET.

Ne craignez rien, patron. (*En sortant.*) Ah tu ne veux pas que... (*Il sort.*) (*A peine est-il sorti qu'on entend crier à pleins poumons :* Vive Abélard, vive Abélard !)

BONIFACE, *courant à la porte.*

Encore !... mais c'est Friquet... a-t-on jamais vu... Friquet qui pactise avec l'émeute ! Attends ! attends ! galopin ! Je m'en vais t'en donner, moi, de la rébellion ! (*Il sort en courant.*)

SCÈNE IV

FULBERT, *seul.*

(*La porte de droite s'ouvre. Fulbert passe sa tête et
regarde de tous côtés.*)

Personne! c'est l'heure où son mari va raser en ville...
Voyons si elle m'attend. (*Montrant la porte à gauche.*)
Ah! là, peut-être! (*Il traverse le théâtre en regardant toujours de tous côtés, puis, arrivé à la porte, il appelle.*)
Bertrade!... Je n'entends rien... elle ne m'a donc pas compris!... Il est vrai que je ne me suis expliqué que très
imparfaitement, autant qu'un homme dans ma position
peut le faire... car si l'on venait à savoir... O Dieu!...
si l'on savait... quel scandale!...

COUPLETS.

I

Je suis le chanoine Fulbert,
Un chaste et grave personnage.
On m'appelle le sage,
Le sage, le sage,
Et j'en suis heureux, j'en suis fier.
Mais en cachette,
Une fillette,
Une feuillette
D'excellent vin,
Je trouve tout cela divin,
Divin, divin.
Femme gentille,
Vin qui pétille,
Tout cela sert
A régaler le chanoine Fulbert.

} *Bis.*

II

Partout je prêche l'abstinence.
Personne, riche ou malheureux,

Ne doit faire bombance,
Bombance, bombance.
La gourmandise, c’est affreux !
Mais en cachette,
Salmis, blanquette,
Caille, allouette,
Gibier, poulet,
Voilà, voilà, voilà, ce qui me plaît,
Me plaît, me plaît.
Bon mets, champagne,
Tendre compagne,
Tout cela sert
A régaler le chanoine Fulbert.

Bis.

Toujours personne. Décidément elle n’a pas compris ou elle veut en faire semblant... Eh bien ! je me vengerai sur son imbécile de mari, et dès que je vais le revoir...

SCÈNE V

FULBERT, BONIFACE.

BONIFACE, *accourant tout essoufflé.*

Ouf !

FULBERT, *à part.*

C’est lui !

BONIFACE, *sans le voir.*

Satané Friquet ! m’a-t-il fait courir, cet animal... (*Apercevant Fulbert.*) Maître Fulbert !

FULBERT.

Je te fais compliment ! La maison est bien gardée...

BONIFACE.

C’est que...

FULBERT, *durement.*

Silence ! A-t-on retrouvé la clef de mon cabinet de travail, cette clef que ta femme a perdue.

BONIFACE.

Pardon, ce n’est pas ma femme, c’est Mlle Héloïse qui...

FULBERT.

L'une ou l'autre, l'a-t-on retrouvée ?

BONIFACE.

Je ne crois pas, maître, mais on doit changer la serrure.

FULBERT.

Et en attendant, on peut entrer chez moi comme dans un moulin.

BONIFACE.

Oh! d'abord, il faudrait passer par la boutique.

FULBERT.

Une boutique que personne ne garde! Je la ferai fermer.

BONIFACE, *vivement.*

Fermer ma boutique !...

FULBERT.

Es-tu en mesure de me payer les onze termes que tu me dois ?

BONIFACE.

Ah! bonté divine! par des temps pareils, quand les affaires...

FULBERT.

Toujours la même chanson! Jusqu'à présent, j'ai patienté parce que ta femme est la sœur de lait d'Héloïse , mais je te déclare...

BONIFACE.

Ah! maître Fulbert, vous qui êtes si riche!

FULBERT.

Riche! moi! Ne sais-tu pas que l'éducation d'Héloïse me coûte les yeux de la tête! Ta femme, qui est de mon village, ne t'a-t-elle pas dit que mon père, qui était d'une avarice sordide, ne m'avait fait apprendre ni grec ni latin.

BONIFACE.

Si fait, si fait, je sais que c'est Mlle Héloïse qui vous sert de secrétaire...

FULBERT.

Malheureusement, depuis que ce novateur qu'on appelle Abélard...

BONIFACE, *se retournant.*

Oh! j'ai cru qu'il y avait encore un carreau de cassé...

FULBERT.

Depuis qu'Abélard s'est mis en tête de bouleverser toutes les idées reçues, Héloïse elle-même n'est plus à la hauteur des choses dont je puis avoir à parler, et j'avais eu l'idée de lui donner Abélard pour professeur.

BONIFACE, *bondissant.*

Abélard !

FULBERT.

Ce qui m'a arrêté...

BONIFACE, *vivement.*

C'est que c'est un reprouvé, un maudit...

FULBERT.

Oui... Et puis, c'est que ses leçons coûtent vingt livres le cachet ! Donc, il me faut de l'argent, et si tu ne me paies pas avant midi...

BONIFACE.

Avant midi ! bonté divine !

FULBERT.

A midi, je te fais saisir et mettre en prison.

BONIFACE, *à part.*

C'est qu'il le ferait comme il le dit. (*Haut.*) Eh bien ! voyons, maître Fulbert, donnez-moi au moins le temps de revenir de chez M. le grand prévôt.

FULBERT.

Est-ce qu'il te doit de l'argent ?

BONIFACE.

Il me doit sa barbe d'avant-hier, mais ça ne suffirait pas, non ! Et puisque vous m'y forcez, je vais vous faire connaître un secret. Oh ! mais un secret... Apprenez que, d'ici à huit jours, je puis être riche.

FULBERT.

Riche...

BONIFACE.

Immensément riche,

FULBERT.

Toi?

BONIFACE, *mystérieusement.*

Si je retrouve Théodore.

FULBERT.

Théodore!

BONIFACE.

Silence! Ma femme elle-même ignore... Voici l'anec-
dote... A vingt ans j'étais fort beau...

FULBERT, *avec étonnement.*

Bah!

BONIFACE.

Ça se voit encore un peu...

FULBERT.

Oh! si peu!

BONIFACE.

J'étais déjà dans la partie... Je coiffais, à Amiens, le baron
de Castel-Sarrazin, et je puis vous avouer que sa femme...
Elle s'appelait Eudoxie...

FULBERT, *pudiquement.*

Passez!

BONIFACE.

Enfin, je coiffais le baron de Castel-Sarrazin! Un jour,
j'étais avec la baronne...

FULBERT, *l'arrêtant.*

Boniface... ces détails devant un homme dont tu connais l'austérité... les principes...

BONIFACE.

Mais non, mais non, je lui mettais des papillotes! Tout
à coup des cris affreux se font entendre... Le petit baronnet Théodore de Castel-Sarrazin venait d'être enlevé...

FULBERT.

Enlevé...

BONIFACE.

Une somme de dix mille écus d'or fut à l'instant promise
à qui le rendrait à sa famille ; un signe particulier devait
aider à le reconnaître. Il portait à l'omoplate gauche
une gueule de lion admirablement dessinée par la main
de la Providence.

FULBERT, *avec étonnement.*

Une gueule! Voilà qui est bizarre !

BONIFACE.

Je jurai à la baronne de le retrouver ou de mourir à la

2

peine! Mes recherches me conduisirent à Paris... Je m'y mariai, et depuis longtemps je ne pensais plus à Théodore, lorsque dernièremeut, en rasant le grand prévôt, j'eus l'idée de lui en parler.

FULBERT.

Eh bien?

BONIFACE.

Justement il se trouve dans ses bureaux un jeune homme de l'âge du baronnet, et s'appelant comme lui Théodore. Le grand prévôt doit me le montrer aujour-d'hui, et s'il a la gueule...

BERTRADE, *en dehors.*

Oui mesdames... je vous dirai cela...

BONIFACE, *remontant.*

C'est Bertrade... De grâce, pas un mot de Théodore devant elle...

FULBERT, *à part.*

Bertrade! Ah! la fine mouche, si je pouvais adroitement...

SCÈNE VI

Les Mêmes, BERTRADE.

COUPLETS

BERTRADE.

I

Ah! c'est charmant, que je vous dise,
Tout ce qui vient de m'arriver :
Dans une émeute je fus prise,
Impossible de me sauver !
Des étudiants par centaine
Criaient ensemble à perdre haleine :
Vive Abélard ! Et puis voilà
Qu'ils m'embrassent en criant ça.
Plus l'émeute devient bruyante,
Et plus alors ma peur augmente;

Car ils criaient, se trémoussaient,
Et tour à tour il m'embrassaient.
            Ah ! ah ! ah !
      Certe, il me souviendra
      De cette émeute-là !   } Bis.

II

Mais un sauveur qui se présente,
Un beau jeune homme, fort et grand,
Me débarrasse, et, frémissante,
Il m'entraîne en me défendant !
Puis quand nous sommes à distance,
Voilà que, pour sa récompense,
Il me redemande un baiser
Que je ne pouvais refuser
Dans le trouble de la tourmente.
J'étais émue et rougissante,
Car, de là, plus il m'éloignait,
Et plus encore il m'embrassait !
            Ah ! ah ! ah !
      Certe, il me souviendra
      De cette émeute-là.

BONIFACE.

Eh ! quoi... Bertrade !... n'avez-vous pas honte d'oser
nous raconter de semblables abominations.

FULBERT.

En effet, devant moi... et devant votre mari.

BERTRADE, *naïvement.*

C'est pour vous rassurer.

FULBERT et BONIFACE.

Hein ?

BERTRADE.

Dam ! il pouvait m'arriver cent fois pis, avec des
mécréants comme ça ! Je pouvais être enlevée... J'aurais pu
disparaître, gémir deux ou trois mois prisonnière dans une
mansarde du quartier des Écoles... Et Dieu sait dans quel
état je vous serais revenue !

BONIFACE, *furieux.*

Madame !

FULBERT, *avec calme.*

C'est juste. Elle pouvait nous revenir en beaucoup plus mauvais état. Mais voici l'heure où je dois aller chercher Héloïse. Entendons-nous bien. (*Passant au milieu et leur montrant des tablettes rouges.*) Voyez-vous ceci ?

BERTRADE et BONIFACE.

Ceci ?

FULBERT.

C'est mon mémento. Tout ce que je fais, tout ce que je dois faire... je l'écris là-dessus le soir en me couchant.

BERTRADE et BONIFACE.

Ah !

FULBERT.

J'écris tout ce que je fais, et je fais tout ce que j'écris.

BERTRADE.

Tiens ! tiens !

FULBERT.

Or, hier soir, j'ai écrit là-dessus que si Boniface ne m'avait pas payé aujourd'hui à midi, je ferais fermer sa boutique et le ferais mettre en prison !

BONIFACE.

Oh !...

BERTRADE, *à part.*

Ah ! vieux scélérat, je te vois venir !...

FULBERT, *à Boniface.*

Donc, mon bon ami, si à midi ta femme... je tiens beaucoup à ce que çe soit ta femme, pour des raisons qu'elle doit connaître... Si ta femme, dis-je, ne m'a pas apporté mon argent à midi, à midi et demi tu auras été mis dehors, et tu seras dedans !

BONIFACE, *suppliant.*

Maître Fulbert !

FULBERT, *sortant.*

C'est écrit, je n'y puis rien changer. (*A Bertrade.*) A

midi. (*A Boniface.*) Tâche de retrouver Théodore! (*Il sort.*)

BONIFACE, *à part.*

Aïe!

SCÈNE VII

BERTRADE, BONIFACE.

BERTRADE, *surprise.*

Théodore!

BONIFACE, *à part.*

Bigre!

BERTRADE.

Qu'est-ce que c'est que ça, Théodore?

BONIFACE.

C'est... c'est... un garçon perruquier.

BERTRADE.

Vous avez égaré un garçon perruquier? Il faut le faire tambouriner.

BONIFACE.

Non... oui... c'est-à-dire... ça ne vous regarde pas! Je vous trouve bien effrontée d'oser m'interroger!... Une femme qui se laisse embrasser par les étudiants et qui vient le conter à son mari!

BERTRADE.

Ne criez pas! Une autre fois, je ne vous en dirai rien voilà tout!

BONIFACE.

Ah! mais non!... Je vous laisse, madame, ne quittez pas la boutique! (*Tendrement.*) Et si tu entends du bruit, enferme-toi bien, ma chérie... Moi je cours chez le grand prévôt. (*Il sort vivement.*)

SCÈNE VIII

BERTRADE *seule, puis* FOLLETTE *et* MARTHA.

BERTRADE.

Pourquoi donc mon mari était-il si troublé?... Est-ce que monsieur Boniface s'aviserait d'avoir des secrets pour moi... qui n'en ai pas pour lui?... Ah! par exemple! ça serait trop fort.

FOLLETTE, *entrant et parlant à Martha.*

En effet... tu avais raison.

MARTHA.

Tu le vois bien, elle est seule.

BERTRADE.

Follette... Martha... mes deux jolies voisines...

MARTHA.

Nous venons de voir sortir ton mari. Et nous profitons d'un moment où il n'y a personne dans la rue...

FOLLETTE.

Pour venir causer un peu des événements...

BERTRADE.

Que se passe-t-il de nouveau?... Auriez-vous été embrassées?...

FOLLETTE

Comment?

MARTHA.

Tu as été...

FOLLETTE.

Ah! mon Dieu! Aurais-tu rencontré les troubadours?

BERTRADE.

Les troubadours!

MARTHA.

Oui, tu sais bien! Ces jeunes gens que l'on dit si gais, si aimables, si galants surtout, et qui arrivent de la Provence.

FOLLETTE.

On raconte sur eux des choses effrayantes!

BERTRADE.

Effrayantes?...

FOLLETTE.

C'est-à-dire qu'on assure qu'ils sont très gentils, et avec ça, rusés, trompeurs, perfides en amour !

BERTRADE.

Oh! si ce n'est que cela... non, mesdames, je n'ai pas rencontré les troubadours, mais en revenant j'ai vu les sbires de la Prévôté qui se rangeaient en bataille devant le parvis Notre-Dame. Il y en a qui sont joliment beaux hommes là-dedans !

MARTHA.

Vraiment !

FOLLETTE.

En bataille... et pourquoi ?

MARTHA, *avec mépris à Follette.*

Mais tu n'es donc pas au courant de la politique ?

FOLLETTE, *naïvement.*

Dam... moi, je suis teinturière et...

MARTHA.

Ignorante, va ! Comment tu ne sais pas que messieurs les Capucins ont obtenu du roi l'arrestation de maître Abélard.

BERTRADE.

Et que les étudiants ont juré de défendre leur professeur.

FOLLETTE.

Même contre les soldats du roi ?

MARTHA.

Parfaitement !

FOLLETTE.

Ah! mon Dieu! mon Dieu!... mais il va y avoir des coups de hallebarde alors! Et moi qui ai mon cousin dans les archers. Pourvu qu'on ne l'abîme pas !

BERTRADE, *haut.*

Pauvre petite !

EGINHARD, *en dehors.*

Par ici !

LES TROUBADOURS, *en dehors.*

Nous voilà !

MARTHA, *remontant*

Entendez-vous ?

BERTRADE.

Quel est ce bruit ?

MARTHA, *au fond.*

Regardez donc...

BERTRADE, *au fond*

Ah ! les jolis petits bonshommes !

FOLLETTE, *au fond.*

Qui ça peut-il bien être ?

BERTRADE.

Je devine... ce sont les troubadours.

FOLLETTE.

Ils viennent par ici.

MARTHA.

Je voudrais bien les voir de près...

BERTRADE.

Et eux aussi... sans doute... car ils nous ont aperçues, et les voilà qui accourent.

SCÈNE IX

LES MÊMES, EGINHARD, OLIVIER, ARNOLD, CLODOMIR, LIONEL, ROLAND, *accompagnés de six autres troubadours.*

(*Tous, moins Eginhard, sont joués par des femmes. Les troubadours envahissent le théâtre et forment trois groupes autours des trois femmes.*)

MORCEAU D'ENSEMBLE.

LES TROUBADOURS.

A l'assaut !　　　　　　*(Bis.)*
A nous ces belles
Jouvencelles.
A l'assaut !　　　　　　*(Bis.)*
Ce sont les belles
Qu'il nous faut.

ENSEMBLE.

LES TROIS FEMMES.	LES TROUBADOURS.
C'en est trop ! *(Bis.)*	A l'assaut ! *(Bis.)*
Quelle est cette émeute nouvelle?	A nous ces belles
C'en est trop ! *(Bis.)*	Jouvencelles.
Cessez ou j'appelle	A l'assaut ! *(Bis.)*
Au plus tôt.	Ce sont les belles
	Qu'il nous faut.

BERTRADE.

Avant de rêver nos conquêtes,
Nous direz-vous ce que vous êtes :

EGINHARD.

Nous sommes des troubadours
Jeunes et pleins d'espérance;
Sur les ailes des amours
Nous arrivons de Provence.

LES TROIS FEMMES.

Eh bien ! donc, beaux troubadours,
Si plaire est votre espérance,
Retournez à vos amours,
A vos amours de Provence.

EGINHARD.

Ah ! l'on veut nous congédier.

BERTRADE.

Sortez ! sortez ! je vous l'ordonne.

EGINHARD.

Mais nous sommes, Dieu me pardonne,
Dans la boutique d'un barbier.

(Allant s'asseoir.)

De par sainte Barbe,   }
Me rasera-t-on ?   } *Bis.*

BERTRADE.

Vous n'avez pas de barbe,
De barbe au menton.

LES TROIS FEMMES, *riant.*

Ah ! ah ! ah ! ah !

EGINHARD.

Ah ! c'est comme cela ?
A l'assaut.

TOUS.

A l'assaut !
A nous ces belles,
Etc., etc.

REPRISE DE L'ENSEMBLE.

LES TROIS FEMMES	LES TROUBADOURS.
C'en est trop ! *(Bis.)*	A l'assaut ! *(Bis.)*
Quelle est cette émeute nouvelle?	A nous ces belles
C'en est trop ! *(Bis.)*	Jouvencelles.
Cessez, ou j'appelle	A l'assaut ! *(Bis.)*
Au plus tôt.	Ce sont les belles
	Qu'il nous faut.

BERTRADE.

Ah! çà... finirez-vous, à la fin ?

EGINHARD.

A la fin oui, mais pas au commencement!

LIONEL.

Il n'y a que les commencements qui soient gais.

CLODOMIR.

C'est pour cela qu'il faut commencer le plus souvent possible...

EGINHARD.

Et tâcher de ne jamais finir...

ROLAND.

Aussi!... recommençons!

(Ils prennent la taille des femmes.)

TOUS.

Oui!...

BERTRADE.

Messieurs... je ne sais pas quel est l'avis de ces dames... mais moi, je vais me fâcher!...

FOLLETTE.

Moi, je vais appeler mon mari.

MARTHA.

Et moi aussi...

EGINHARD.

Comment?... vous avez des maris?

LIONEL.

Où sont-ils, les malheureux ?

BERTRADE.

Comment, les malheureux ?

EGINHARD.

Je les plains vivement de vous avoir épousées !

FOLLETTE.

Si c'est ça qu'on appelle de la galanrerie...

ROLAND.

Eginhard a raison. Ils sont fort à plaindre de vous avoir épousées, aussi jeunes...

ARNOLD.

Aussi jolies...

OLIVIER.

Aussi ravissantes que vous êtes !...

EGINHARD.

Ce qui fait que nous ne pouvons nous empêcher de vous adorer...

LES FEMMES, *riant.*

Ah ! ah ! ah !

EGINHARD.

Et qu'avant trois jours vos infortunés maris...

TOUS LES TROUBADOURS.

Hélas !

FOLLETTE.

Quoi donc ?

EGINHARD.

Seront...

TOUS LES TROUBADOURS.

Tous les trois...

EGINHARD.

Mon Dieu, oui !... Nous ne le voudrions pas, que ce serait plus fort que nous !

BERTRADE.

Mais enfin, qu'est-ce qu'ils seront donc ?

EGINHARD.

Ce que vous les aurez faits...

MARTHA.

Ce qui signifie ?...

EGINHARD.

Que vous nous aurez aimés...

BERTRADE, *avec effroi*.

Tous les douze!... En trois jours...

EGINHARD.

Ah! non, non, nous avons nos principes!

LES TROUBADOURS.

Certainement!

EGINHARD.

Nos principes et nos lois! Partis tous ensemble d'Avignon à la conquête des amours, nous avons prévu le cas de rivalité!

BERTRADE.

Ah! vous avez prévu...

MORCEAU D'ENSEMBLE.

EGINHARD.

De par la loi des troubadours,
Il faut triompher en trois jours,
Même de la plus inhumaine.
Au bonheur, le hasard nous mène,
Et toujours à l'ancienneté
Nous donnons la priorité.
J'ai dix-neuf ans, je m'appelle Eginhard.
Et voilà Lionel, mon cadet d'une année,
Plus Clodomir, né quelques mois plus tard,
Et la première part
Doit nous être donnée.
Quand nous serons pourvus, ce qui, certe, en ce jour,
Nous est on ne peut plus facile,
Tous nos amis, de par la ville,
Iront se pourvoir à leur tour.

LES TROIS FEMMES.

Ah! les bonnes folies!

EGINHARD.

Choisissons, mes amis.

(Montrant Bertrade.)

Je choisis.

LIONEL, *montrant Follette*.

Je choisis.

CLODOMIR, *montrant Martha.*
Je choisis.

LES TROIS FEMMES, *riant.*
Bon, nous voilà choisies.

REPRISE ENSEMBLE.

De par la loi des troubadours,
Il faut triompher en trois jours,
Même de la plus inhumaine.
Au bonheur le hasard nous mène,
Et toujours à l'ancienneté
Nous donnons la priorité,   } *(Bis.*
Ils donnent la priorité.

EGINHARD.
Le temps nous presse et nous partons.
    A cette heure suprême,
Je ne te dis qu'un mot : Je t'aime.

LIONEL, CLODOMIR, EGINHARD.
Je t'aime! je t'aime!

EGINHARD.
Dans une heure nous reviendrons,
Et nous répéterons de même :
    Je t'aime!

TOUS TROIS.
Je t'aime! je t'aime !

ENSEMBLE GÉNÉRAL.

Telle est la loi des troubadours :
Il ne faut aimer que trois jours,
Mais aimer d'un amour extrême,
Et répéter toujours de même :
Je t'aime, je t'aime, je t'aime!
    (Tous les troubadours sortent en courant.)

SCÈNE X

FOLLETTE, MARTHA, BERTRADE.

FOLLETTE.

Tiens... Les voilà déjà partis!...

MARTHA.

C'est dommage...

BERTRADE.

Le fait est qu'ils commençaient à m'intéresser.

FOLLETTE.

C'est égal!... Ils sont bien gentils, mais ils me font un peu peur... S'ils allaient tenir leurs promesses!

MARTHA.

Et revenir d'heure en heure...

FOLLETTE.

Mon mari qui est si jaloux...

MARTHA.

Et le mien, donc...

BERTRADE, *riant.*

Voyons, voyons... n'ayez pas peur... C'est sans doute une plaisanterie... Et puis, nous nous défendrons, que diable!...

MARTHA.

Sans doute, sans doute... mais je préfère retourner près de mon mari...

FOLLETTE.

Moi aussi, c'est plus sûr!

MARTHA.

On ne sait pas ce qui peut arriver...

TOUTES DEUX.

Au revoir, Bertrade...

(*Elles se sauvent.*)

SCENE XI

BERTRADE, *seule, puis* HÉLOISE.

BERTRADE.

Eh bien, elles me laissent... Et Boniface qui m'a
ordonné de ne pas sortir d'ici. Ah! mon Dieu!... Si ce
jeune troubadour... celui qui m'a choisie... allait revenir!... Oh! il n'osera pas... Dans une heure, a-t-il dit!...
Pourvu que mon mari ne soit pas rentré!... Eh bien,
qu'est-ce que je dis donc là, moi?... (*Ritournelle à l'orchestre.*) Ah! mon Dieu... Serait-ce déjà?... Est-ce qu'il
serait en avance?...(*Elle remonte au fond.*) Mlle Héloïse...
et toute seule...

HÉLOÏSE, *entrant.*

AIR :

J'ai passé mon bachot
Sans manquer un seul mot.
  Vaillante écolière,
  Je suis bachelière.
Ah! ah! ah! ah! ah! ah!
Rien n'égale ce titre-là.

—

Oui, ma chère Bertrade,
Montant de grade en grade,
J'ai, n'importe à quel prix,
Tout appris, tout compris.
J'ai passé mes licences,
Et de mes connaissances
J'étonne bien souvent
L'homme le plus savant.
J'ai passé mon bachot, etc., etc.

—

Pourtant, il est peut-être encore,
Certaines choses que j'ignore,
Même en étudiant beaucoup.
A l'école, on n'apprend pas tout.

Mais puisqu'on s'instruit à tout âge,
Un jour j'en saurai davantage,
Car tout apprendre est mon espoir,
Et j'ai juré de tout savoir.
Mais avec honneur,
Quel bonheur!...
J'ai passé mon bachot, etc.

BERTRADE.

Ah! çà, mademoiselle, m'expliquerez-vous?...

HÉLOÏSE.

Quoi donc?... La circonférence de la terre?... La conjonction des astres?... La collectivité des mouvements sidéraux!...

BERTRADE.

Mais non... Comment il se fait que vous soyez revenue toute seule de l'Université?...

HÉLOÏSE.

Dam, à la sortie, je n'ai trouvé ni toi, ni mon oncle...

BERTRADE.

Ah! mon Dieu!... Maître Fulbert se sera peut-être fourré dans quelque bagarre...

HÉLOÏSE.

Une bagarre... C'est donc cela que toutes les rues que j'ai traversées étaient désertes...

BERTRADE.

Pardine... c'est la faute des étudiants et de ce maudit Abélard.

HÉLOÏSE, *vivement*.

Tais-toi, Bertrade, tais-toi... N'accole, je t'en prie, aucune épithète malsonnante au nom de cet homme! Ses traits me sont inconnus, et je le regrette! Mais on en parle comme d'un esprit tellement supérieur... que... je ne sais comment te dire cela... mais son nom seul me cause un certain frisson... dont,... moi qui sais presque tout, j'ignore absolument la cause...

BERTRADE, *à part*.

Tiens, tiens, tiens!...

HÉLOÏSE.

Il paraît que ses nouvelles doctrines doivent ouvrir toutes les intelligences...

BERTRADE.

Je ne sais pas si elles ouvrent les intelligences... mais je vois qu'elles vont fermer les boutiques...

HÉLOÏSE.

Ah ! Bertrade... que c'est admirable... un homme ..

BERTRADE.

Un homme !...

HÉLOÏSE.

Qui par le seul pouvoir de sa volonté, animé du souffle divin de l'inspiration, éclairé du flambeau de la science et chassant devant lui les ténèbres du passé, s'élance le premier à la conquête de la vérité... en nous entraînant dans les sentiers de l'avenir...

BERTRADE, *à part*.

Dieu!... comme elle parle !... et penser qu'elle m'en dit comme ça tous les matins... et gratis !...

HÉLOÏSE, *continuant*.

Le présent semble lui donner tort... Qu'importe le présent!... Il suffit qu'une chose ait été pour qu'elle ne soit plus... qu'elle soit pour ne plus être... et qu'elle ne soit pas encore pour qu'elle soit!... Le passé!... poussière!.. Le présent... chimère!... L'avenir!... mystère!... Le présent... comprends-tu bien, Bertrade, n'est qu'un stérile passage entre le connu passé et l'inconnu futur...

BERTRADE.

Ta, ta, ta, ta... je suis du présent, moi, et je ne crois pas du tout être un passage... comme vous dites...

SCÈNE XII

LES MÊMES, EGINHARD.

EGINHARD, *entrant vivement*.

Me revoilà !...

BERTRADE et HÉLOÏSE.

Ah!...

EGINHARD.

Je vous ai dit : dans une heure,... et... (*Apercevant Héloïse.*) Encore une jouvencelle... Ah! çà, c'est donc le rendez-vous des jolies femmes, que cette boutique!..

(*Il veut lui prendre la taille.*)

BERTRADE.

Ah! mais... dites-donc...

EGINHARD.

Serais-tu jalouse, ô mon amante?...

HÉLOÏSE.

Hein?...

BERTRADE.

Mais je vous défends...

EGINHARD.

Rassure-toi!... Le troubadour fidèle ne saurait changer d'objet avant soixante-douze heures!...

HÉLOÏSE.

Quel est ce jeune homme, Bertrade?...

BERTRADE.

Mais je ne le connais pas, mademoiselle...

EGINHARD.

COUPLETS.

I

Ce que je suis , ma chère,
S'il faut le répéter,
Je suis un gai trouvère,
Et je veux n'exister
Que pour aimer les belles,
Pour être adoré d'elles !
Vraiment, vraiment, sans me flatter,
Je ne suis sur la terre
Que pour aimer et plaire,
Aimer, plaire et chanter.

Aimer sans cesse,
Chanter toujours,   *Bis.*
C'est la richesse
Des troubadours.

11

Enfant de la Provence,
Ami du gai savoir,
De ma gente science,
Je connais le pouvoir.
L'innocence soupire
Lorsque l'amour m'inspire
Un tendre et mélodieux chant,
Et mon succès m'enchante,
Quand la vertu le chante,
Et succombe en chantant.
    Aimer sans cesse,
    Chanter toujours,
    C'est la richesse
    Des troubadours.   } *Bis.*

EGINHARD.

Je ne suis venu ici, selon ma promesse, que pour te réitérer ce mot : Je t'aime!... Et maintenant, je m'en vais... Dans une heure, tu me reverras... et ainsi de suite jusqu'à ce que...

BERTRADE, *riant.*

Il paraît qu'il y tient!...

EGINHARD.

Tu verras comme je suis exact.., Tu pourras régler ton horloge sur moi... Adieu... Ah! à propos... je t'aime!...

    (*Il va pour sortir, on entend une grande rumeur au fond.*)

EGINHARD.

Tiens!... Qu'est-ce qu'il se passe donc?...

BERTRADE.

Du bruit... rentrez vite... mademoiselle...

HÉLOÏSE.

Mais n'aie donc pas peur.., Que veux-tu qu'il nous arrive?...

EGINHARD.

Ciel! un homme qui a l'air d'être poursuivi... (*Lui faisant signe.*) Par ici!... par ici!...

BERTRADE.

Comment ! il appelle les passants?...

SCÈNE XIII

Les Mêmes, ABÉLARD, *entrant tout essoufflé et en grande robe et en toque.*

ABÉLARD.

Je vous demande pardon d'entrer si brusquement, mais il est des circonstances dans la vie... Vous seriez bien aimable de me la sauver, la vie !...

EGINHARD, *au fond.*

Rassurez-vous, je ne vois personne, ils auront perdu vos traces...

(*Il descend, Héloïse remonte.*)

ABÉLARD.

Oui, mais tout le quartier est cerné, ils ont mon signalement, et dans cinq minutes ils peuvent être ici...

EGINHARD.

Diable !... il faut vous déguiser... Ah !... Otez cette robe et prenez ma cape...

ABÉLARD.

Eh ! quoi, sans me connaître...

EGINHARD.

Nous ferons connaissance plus tard. (*Il défait sa cape.*)

BERTRADE.

Comment ! vous vous déshabillez ?...

EGINHARD.

Je t'aime !... (*Tenant la robe d'Abélard.*) Où diable fourrer cela ?... (*Apercevant l'armoire.*) Ah ! (*Il ouvre l'armoire v jette la robe et aperçoit la cape de Boniface*). Tiens !... une cape... c'est mon affaire !...

(*Il la met.*)

BERTRADE.

Mais c'est la cape de mon mari...

EGINHARD, *vivement.*

Je t'aime !...

BERTRADE.

Allez-vous promener...

HÉLOÏSE, *qui est restée au fond*.

Ah ... là-bas, les voilà qui cernent la rue...

EGINHARD.

Oh! quelle idée!... (*Ouvrant la porte à deux battants.*)
La porte grande ouverte!... (*A Abélard.*) Vous, placez-
vous là, mettez cette serviette à votre cou!... (*Abélard se
met une perruque qui le rend méconnaissable. A Héloïse.*)
Vous, prenez ce plat à barbe et savonnez-lui la figure.

HÉLOÏSE.

Moi... que je...

EGINHARD.

Hâtez-vous, il y va de sa vie...
(*Héloïse obéit.*)

BERTRADE.

Mais... à la fin...

EGINHARD, *se mettant une serviette au cou, à Bertrade.*

Toi, cher ange, rase-moi.

BERTRADE.

Moi, que je...

EGINHARD.

Depêchons, depêchons, je les entends.

ABÉLARD, *regardant Héloïse qui fait mousser du savon.*

Ah!... la jolie raseuse!...

(*Ici, les deux femmes se mettent à savonner la figure
d'Abélard et d'Eginhard. Héloïse en tremblant, Bertrade
furieuse.*)

SCÈNE XIV

LES MÊMES, SBIRES, *ensuite le capitaine*
ASTROLABIUS.

LES SBIRES.

CHŒUR.

Alerte, alerte, alerte,
Cherchons, cherchons partout;
Cette boutique ouverte,
Il faut visiter tout.   (*Bis.*)
Cherchons, cherchons partout.

LE CAPITAINE, *entrant*.

Eh bien! le tenez-vous?

UN SBIRE.

Pas encore!

EGINHARD.

Qui donc?

LE CAPITAINE.

Ah! l'on se fait raser ici... (*A Eginhard.*) Qui êtes-vous?

EGINHARD.

Nicolas Grincheux, commis drapier au pilier des Halles...

LE CAPITAINE.

Ce n'est pas lui. (*A Abélard.*) Et vous?

ABÉLARD, *faisant des grimaces et baragouinant*.

Moi, capedédious! Je suis Jean d'Antrague, troubadour arrivant de la Provence. Un pays profitable pour le galoubet. Aussi, quand je chante sur la place du Capitole, à Toulouse, je fais casser les vitres de la cathédrale. Fa, fa, fa, fa!

LE CAPITAINE, *à lui-même*.

Ce n'est pas son costume. (*Haut.*) Mais vous avez dû voir un jeune homme blond en robe et en bonnet carré...

TOUS.

Non, non!

LE CAPITAINE.

Mille tonnerres! J'avais pourtant promis de le livrer aux Capucins du Marais...

EGINHARD, *se levant et se débarbouillant la figure*.

Ah! c'est aux Capucins que vous voulez le livrer?

LE CAPITAINE.

Qu'est-ce que cela te fait, à toi?

EGINHARD.

A moi, ça me fait plaisir, parce que les Capucins sont nos pratiques! C'est moi qui les habille.

LE CAPITAINE, *lui voyant prendre un chapeau*.

Où vas-tu?

EGINHARD.

Est-ce que je ne peux pas sortir?

LE CAPITAINE, *après une seconde d'examen.*

Si, va-t'en.

EGINHARD.

Merci, monsieur le capitaine. Au plaisir de vous rencontrer. (*A Bertrade.*) Ne craignez rien... je veille... (*Il
sort vivement.*)

BERTRADE, *à part.*

Comment, il s'en va...

LE CAPITAINE, *apercevant la porte de gauche.*

Où conduit cette porte?

BERTRADE.

Dans la chambre de mon mari.

LE CAPITAINE, *aux sbires.*

Ne laissez entrer ni sortir personne. (*Les sbires sortent
mais sans s'eloigner de la porte. — A Bertrade.*) Allons,
conduis-moi.

BERTRADE.

Que je vous conduise, où donc?

LE CAPITAINE.

Dans cette chambre, d'abord...

BERTRADE.

Je veux bien! Venez...

LE CAPITAINE.

Ah! je le trouverai, ce maudit Abélard.

HÉLOÏSE, *poussant un cri.*

Abélard!...

ABÉLARD, *mettant un doigt sur ses lèvres.*

Silence!

(*Bertrade et le capitaine sortent.*)

SCÈNE XV

ABÉLARD, HÉLOISE, *les sbires en dehors.*

HÉLOÏSE.

COUPLETS.

I

Eh! quoi, c'est lui, lui que je rase!
Mais ces soldats, que devenir?

> Malgré moi je reste en extase,
> Et l'admirer c'est le trahir ;
> A la fois heureuse et surprise,
> Je tremble et bénis le hasard.
> Ah ! si l'on savait qu'Héloïse
> En ce moment rase Abélard.

ABÉLARD, *a part.*

Je ne puis me lasser de l'admirer...

SCÈNE XVI

Les Mêmes, LE CAPITAINE, BERTRADE.

LE CAPITAINE, *rentrant avec Bertrade.*

Non, personne... (*Apercevant la porte de droite.*) Mais,
cette autre porte ?...

BERTRADE.

Elle donne sur une cour et mène à une ancienne abbaye.

LE CAPITAINE.

Voyons cela...

BERTRADE.

Mais, c'est que...

LE CAPITAINE, *la faisant avancer.*

Allons, allons, dépêchons-nous...

(*Ils sortent par la porte de droite.*)

SCÈNE XVII

HÉLOÏSE, ABÉLARD, *les sbires en dehors.*

HÉLOÏSE.

11

> Tous deux encor, tous deux ensemble :
> De le sauver ai-je l'espoir ?
> Mon cœur palpite et ma main tremble,
> Cette main qui tient un rasoir.
> Sur l'homme dont je suis éprise,
> Je n'ose arrêter mon regard.
> Ah ! si j'allais, pauvre Héloïse,
> Couper le menton d'Abélard !

ABÉLARD, *avec passion.*

Ah! que tu es belle!...

HÉLOÏSE.

Taisez-vous! ..

ABÉLARD.

Non!. . c'est plus fort que moi!... je t'adore!...

HÉLOÏSE.

Si l'on vous entendait!...

ABÉLARD.

Que m'importe! .. Pour toi je braverais le diable en personne!...

(*Il se jette à ses genoux, après avoir enlevé sa perruque. Le capitaine paraît.*)

SCÈNE XVIII

LES MÊMES, LE CAPITAINE, *puis les Sbires.*

LE CAPITAINE.

C'est lui!...

HÉLOÏSE.

Il est perdu!...

LE CAPITAINE, *aux sbires qui rentrent vivement.*

Par ici, vous autres...

FINAL.

LE CAPITAINE.

Enfin... nous le tenons, je pense,
C'est lui, voilà le prospectus.
On devra bonne récompense
Au capitaine Astrolabius.   *(Bis)*

LES SBIRES.

C'est lui, c'est bien lui,
Le voici !

HÉLOÏSE.

Hélas! le ciel nous abandonne!

LE CAPITAINE.

Qu'on s'empare de sa personne!
(*Les sbires obéissent.*)

CHŒUR.

LE CAPITAINE ET LES SOLDATS.

Il faut obéir à la loi.
Qu'on me suive de par le roi,
  De par le roi,   *(Bis.)*
Il faut obéir à la loi.

HÉLOÏSE.

Hélas! l'arrêter devant moi,
J'éprouve là, je ne sais quoi,
  Je ne sais quoi.   *(Bis.)*
Mêlé de douleur et d'effroi.

ABÉLARD.

Il me faut obéir au roi,
Mais, aujourd'hui, j'éprouve en moi,
  Je ne sais quoi.   *(Bis.)*
Dont je cherche en vain le pourquoi!

REPRISE EN CHŒUR.

Il me faut obéir au roi, etc.

(Au moment où les soldats vont entraîner Abélard, le chœur suivant se fait entendre à la cantonade.)

CHŒUR.

*Sumus capucini,
Servitores Dei.
Venimus in illum locum,
Maledictum confondere,
Et illico vengere
Dominum !*

SCÈNE XIX

LES MÊMES, DOUZE CAPUCINS.

LE CAPITAINE.

Voici le prisonnier, compères Capucins,
Nous le remettons entre vos mains.
(Cris dans la coulisse.)
Vive Abélard! Vive Abélard!

HÉLOÏSE.

Encor de nouvelles alarmes,
Mais ils arriveront trop tard.

LE CAPITAINE.

Aux armes !... Aux armes !

LES SBIRES, *sortant.*

Aux armes ! aux armes ! aux armes !

HÉLOÏSE, *à part.*

Ne pouvoir le sauver, ô douleur ! ô misère!...

ABÉLARD, *à part.*

Ne pouvoir embrasser mon aimable barbière !

*(Un des Capucins regarde s'il ne voit personne et dit en parlé :
Unus, duo, tres. Toutes les robes des Capucins tombent et l'on
aperçoit les douze troubadours. — Celui qui a parlé est
Eginhard.)*

CHŒUR.

Nous sommes les troubadours
Jeunes et pleins d'espérance,
Sur les ailes des amours
Nous arrivons de Provence.

(Abélard poursuit et embrasse Héloïse.)

HÉLOÏSE, *se défendant.*

Eh mais ! que faites-vous, messire ?

(Cris au dehors.)

Vive Abélard ! vive Abélard !

ABÉLARD.

Non, ça n'est pas l'instant de rire.
De mes amis la voix m'attire,
De leurs dangers je veux ma part !

EGINHARD, *qui était remonté, redescendant.*

Vaincue et pourchassée,
De vos persécuteurs
La garde est repoussée,
Et nous sommes vainqueurs.

VOIX, *au dehors.*

Vive Abélard ! Vive Abélard !

SCÈNE XX

LES MÊMES, ÉTUDIANTS.

*(Les étudiants envahissent le théâtre, et entrent par la
porte et par la fenêtre.*

CHŒUR GÉNÉRAL,

Hourra ! hourra ! Jeunesse altière,
Du progrès suivons l'étendard,
Et rangeons-nous sous la bannière
Du novateur qui nous éclaire.
Vive Abélard ! Vive Abélard !
*(On porte Abélard en triomphe, Les étudiants agitent des
bannières et des palmes.)*

TABLEAU.

(Le rideau baisse.)

FIN DU PREMIER ACTE.

ACTE DEUXIÈME

Le théâtre représente une grande salle d'une ancienne abbaye,
servant de cabinet de travail à Fulbert. Au milieu du théâtre
une grande statue en pierre, représentant un moine. — A
gauche (1er plan), une petite porte. Grande porte également
à gauche. A droite (3e plan), une porte. — Au premier plan,
à droite, une grande bibliothèque-buffet.

SCÈNE PREMIÈRE

HÉLOISE, BERTRADE.

BERTRADE, *entrant la première par la petite porte
de gauche, et tenant une clef à la main.*
Là! Vous-voyez, mademoiselle, que c'est bien la clef...
HÉLOÏSE, *entrant.*
En effet... Et nous sommes dans le cabinet de mon
oncle.
BERTRADE.
Où il vous a défendu, comme à moi, de jamais mettre
les pieds...
HÉLOÏSE.
Ah! s'il nous trouvait ici.
BERTRADE.
Nous lui dirions que c'est à cause de ceci. (*Elle montre
la clef.*) C'est égal, il faut qu'il ne soit pas poltron, maître
Fulbert, pour passer sa vie dans cette vilaine salle.
HÉLOÏSE, *montrant la statue.*
Avec ce grand moine.

BERTRADE.

Ouh! qu'il est vilain!

HÉLOÏSE, *riant.*

Eh bien, mademoiselle... manquer ainsi de respect au grand Polycarpe, fondateur de cette ancienne abbaye.

BERTRADE.

Une abbaye dont votre oncle a hérité.

HÉLOÏSE.

Il paraît qu'au temps jadis, on attribuait à cette statue un pouvoir magique...

BERTRADE.

Allons donc!

HÉLOÏSE.

Celui de tout voir et de tout entendre! Et l'on raconte que les vieux Capucins qui habitaient ici, ne s'en approchaient qu'en tremblant.

BERTRADE.

Il est assez laid pour cela!

HÉLOÏSE.

J'ai lu cette légende dans un vieux livre écrit en latin, que j'ai trouvé au fond de la bibliothèque...

BERTRADE.

Alors ce Polycarpe serait un savant.

HÉLOÏSE, *riant.*

Il paraîtrait...

BERTRADE.

Bonjour, monsieur le savant. (*Elle lui fait la révérence.*) Il ne répond rien le malhonnête... Répondez donc, monsieur. (*Elle tire la cordelière qui pend à sa ceinture. Une cachette pratiquée dans le piédestal de la statue s'ouvre brusquement.*)

BERTRADE, *poussant un cri.*

Ah!...

HÉLOÏSE.

Quoi donc?... Est-ce que tu as vu le diable?

BERTRADE, *avec effroi.*

Regardez...là... une cachette!

HÉLOÏSE, *regardant.*

En effet... Tiens, un parchemin!

BERTRADE.

Ne lisez pas, mademoiselle.

HÉLOÏSE.

Pourquoi donc?

BERTRADE.

Dam... je ne sais plus où j'en suis... c'est peut être un sortilége... Et puis, si maître Fulbert allait revenir...

HÉLOÏSE.

Raison de plus pour lire bien vite... (*Déployant le parchemin.*) Copie du testament de demoiselle Hélène Fulbert, Chanoinesse du chapitre noble de Saint-Priest.

BERTRADE.

Votre tante Hélène... Ah! vous avez raison, il faut lire... Cela vous intéresse peut-être.

HÉLOÏSE.

Voyons donc... (*Elle lit.*)

MORCEAU.

Devant maître Nicomède,
Jean, Baptiste, Éloi, Tancrède
Le Chambardier, Notaire, exerçant à Cahors,
A comparu dame Hélène
Fulbert, nous paraissant saine
De mémoire et d'esprit aussi bien que de corps,
Laquelle, respirant à peine,
Avant que le temps ne vienne
Briser ses terrestres liens,
Déclare sa nièce Héloïse,
Afin qu'elle en use à sa guise,
Héritière de tous ses biens.
Mais ne voulant pas qu'elle vive,
Comme elle, recluse et captive,
Il lui faudra se marier.
Car la condition expresse
De sœur Hélène est que sa nièce
A vingt ans ait un héritier.
Faute d'obéissance entière,
Ses biens reviendraient à son frère,
Le chanoine Fulbert... Mais si
Sa nièce prend un mari,

La Chanoinesse. à son frère,
Ne lègue plus que son bréviaire,
Ses trois coqueluchons,
Sa paire de lunettes,
Ses flambeaux, leurs mouchettes,
Et leurs deux bobèchons.
Devant maître Nicomède,
Jean, Baptiste, Éloi, Tancrède
Le Chambardier, Notaire, exerçant à Cahors,
Signa ceci : Dame Hélène
Fulbert, nous paraissant saine
De mémoire et d'esprit aussi bien que de corps.

BERTRADE.

Eh bien... qu'est-ce que vous dites de cela, mademoiselle ?

HÉLOÏSE.

En voilà bien d'une autre !... Comment, si à vingt ans je ne suis pas mariée...

BERTRADE.

Si vous n'avez pas d'héritier... C'est votre oncle qui héritera à votre place.

HÉLOÏSE.

Et je viens d'avoir mes dix-neuf ans la semaine dernière.

BERTRADE.

Mais c'est qu'il n'y a pas de temps à perdre, alors !

HÉLOÏSE.

Et mon oncle... Oh ! quelle infamie.

BERTRADE.

Ah bien ! si vous comptez sur lui pour vous présenter un mari... pas si bête...

HÉLOÏSE.

Qui sait ? Ce matin, craignant qu'il ne l'apprît par d'autres, je lui ai raconté le service que j'avais rendu hier...

BERTRADE, *vivement.*

A maître Abélard !

HÉLOÏSE.

Justement ! Et, profitant de cette circonstance, mon oncle m'a promis de le voir.

BERTRADE.

Pourquoi donc cela ?

HÉLOÏSE.

Pour le prier de me donner quelques leçons.

BERTRADE.

Comment ! vous ne vous trouvez pas assez savante ?...

HÉLOÏSE, écoutant à la porte de droite.

Silence... La grille du jardin vient de se fermer... c'est mon oncle sans doute.

BERTRADE, prenant le testament.

Vite, vite... Ceci à sa place... (*Elle remet le testament dans la cachette et tire la cordelière. La cachette se referme.*) Merci bien, grand Polycarpe ! Nous, sauvons-nous bien vite...

HÉLOÏSE.

Non pas... Restons ! Et pas un mot de cette clef qui nous a permis. .

BERTRADE.

Comment..., vous voulez...

HÉLOÏSE.

Tais-toi ! je veux être mariée avant un mois !... Et je le serai !

SCÈNE II

LES MÊMES, FULBERT.

FULBERT, sans voir les deux femmes.

Oui... de cette façon... cela éloignera encore la possibilité. (*Apercevant Bertrade.*) Vous... (*Apercevant Héloïse.*) Toi !

HÉLOÏSE très gravement.

Bonjour, mon oncle.

FULBERT.

Comment ! Ici, en mon absence... Oubliez-vous que je vous ai expressément défendu...

HÉLOÏSE.

Mon oncle, nous attendons le serrurier.

FULBERT.

Le serrurier... Ah ! pour la clef de cette porte... C'est inutile. On ne pourra plus entrer par la boutique, que je fais fermer.

BERTRADE.

Ah! monsieur Fulbert.

FULBERT, *bas à Bertrade.*

Tu sais qu'il dépend de toi de me faire patienter encore.

BERTRADE, *paraissant surprise.*

Moi, je sais...

FULBERT, *bas.*

Si tu ne le sais pas, tant pis pour Boniface !

BERTRADE, *à part.*

Tant mieux plutôt.

FULBERT, *à Héloïse.*

Mais puisque je te retrouve ici, que je t'apprenne une heureuse nouvelle.

HÉLOÏSE.

Une heureuse nouvelle...

FULBERT.

J'ai vu le célèbre Abélard.

HELOÏSE, *avec émotion.*

Ah !

FULBERT.

Oui, je tenais à lui faire savoir que c'était ma nièce qui avait tenté de lui sauver la vie, pour obtenir de lui qu'il te donnât des leçons à meilleur marché.

HÉLOÏSE.

Et avez-vous obtenu?...

FULBERT.

Il veut te les donner pour rien !

HÉLOÏSE.

Pour rien!

FULBERT.

Par reconnaissance! Il t'apprendra tout ce qu'il sait...

HÉLOÏSE.

Mais les dangers qui le menaçaient?

FULBERT.

Tout cela est apaisé... Il pourra se rendre ici dans une heure...

HÉLOÏSE.

Dans une heure...

FULBERT.

Et en l'attendant... je vais prendre un léger repas...
(*Tirant un radis noir de sa poche.*) Je l'ai acheté en route...
Avec ça et un verre d'eau, je vais souper comme un
prince.

HÉLOÏSE, *à part.*

Abélard, mon professeur!...

FULBERT.

Laisse-moi seul... je te ferai appeler quand maître Abélard se présentera.

HÉLOÏSE.

Oui mon oncle. Viens, Bertrade.

BERTRADE.

Ah! non, mademoiselle! Il faut que j'aille retrouver
Boniface, Il doit être si chagrin! A tout à l'heure... (*Elle
sort par la droite.*)

HÉLOÏSE, *sortant par la gauche.*

Bien... (*Elle fait un signe de menace à Fulbert.*)

SCÈNE III

FULBERT, *seul.*

D'abord, commençons par nous bien enfermer. (*Il ferme
les deux portes et dit en remettant le radis dans sa poche.*)
Un radis, c'est très bon, mais c'est trop lourd pour mon
estomac. (*Allant au buffet qu'il ouvre et duquel il retire
un plateau sur lequel se trouvent une volaille, quatre verres
et quatre bouteilles.*) Ah! elle va retrouver son mari! Eh
bien, nous verrons, nous verrons! Tout vient à point à
qui sait attendre... (*Tout en parlant, il a placé le plateau
sur la table.*) Voilà d'abord qui est infiniment meilleur
qu'un radis.

COUPLETS.

I

Hop ! goûtons de ce vin d'abord,
Puis goûtons de cet autre ensuite.

Hop! chacun d'eux a son mérite,
Et je veux en boire à plein bord.

Lorsque trop tôt l'amour s'envole,
Lorsque tout nous trahit, hélas!
De tous les chagrins d'ici-bas,
C'est le bon vin qui nous console.
Gloux! gloux! gloux! gloux! gloux!
    Je ne mets ma gloire
       Qu'à bien boire.   *Bis.*

Gloux, gloux, gloux, gloux, gloux!
    Que ce bruit est doux !   *(Bis.*

II

Hop! voyez la belle couleur,
Comme elle invite à la folie.

    (Prenant une bouteille.)
Hop! sa couleur est moins jolie,
Et pourtant, je le crois meilleur.

Ainsi de toutes jouvencelles...
Lorsque nous sommes amoureux,
Celles qui nous charment le mieux
Ne sont pas toujours les plus belles.
Gloux, gloux, gloux, gloux, etc., etc.
(Sur la ritournelle, il se met à table et commence à manger.)
    BERTRADE, *frappant à la porte de droite.*
Maître Fulbert, maître Fulbert?
    FULBERT, *se levant.*
Sa voix, déjà!... (*Allant ouvrir.*) Oh !... (*Il ouvre.*)

SCÈNE IV

FULBERT, BERTRADE.

    BERTRADE.
Je viens...
FULBERT, *lui prenant la taille et cherchant à l'embrasser*
Tu es charmante, adorable !
    BERTRADE, *se défendant.*
Eh bien! eh bien! que faites-vous donc?

FULBERT, *la quittant et allant fermer la porte.*
Imprudente! si quelqu'un...

BERTRADE, *s'arrêtant devant la table.*
Oh! un dindon!

FULBERT, *se retournant.*
Me voilà! (*Revenant à elle.*) Tu vas en manger ta part.

BERTRADE.
Moi?...

FULBERT.
Là! tous les deux, côte à côte, nous boirons dans le même verre...

BERTRADE.
Par exemple!

FULBERT.
Ah! que tu es gentille d'être venue.

BERTRADE.
Mais ce n'est pas pour...

FULBERT.
Sois tranquille, je serai très bon pour ton mari...

BERTRADE, *à part.*
Il y paraît.

FULBERT.
Si tu es bonne pour moi. Tant plus tu seras bonne pour moi, tant plus je serai bon pour...

BERTRADE.
Mais y n' s'agit pas de ça. Je viens...

FULBERT.
Tu viens, c'est très gentil, mets-toi là!

BERTRADE, *vivement.*
Mais non! On vous attend...

FULBERT.
On m'attend, qui donc?

BERTRADE.
On vient de l'abbaye.

FULBERT.
De l'abbaye!

BERTRADE.
Pour un mémoire.

FULBERT.
Ah! juste ciel! j'avais oublié...

BERTRADE.

On dit que le directeur est furieux.

FULBERT, *reprenant le plateau et le remettant dans l'armoire.*

Ah! c'est vrai! je devais le lui porter ce matin... Vite! vite! il faut y courir... étourdi que je suis... avoir oublié... Bertrade, pas un mot de ce que tu as vu...

BERTRADE.

Ah! maître Fulbert, je vous jure...

FULBERT.

Et ce mémoire, où l'ai-je mis?... Ah! dans la bibliothèque... vite, courons. Et maître Abélard qui va venir... Oh! en me dépêchant, j'aurai le temps. (*Embrassant Bertrade qui se trouve sur son passage.*) Amour et mystère! (*Il sort.*)

BERTRADE.

Eh bien! eh bien! Ah! le vieux monstre! le vieil hypocrite!... dire qu'il mange des racines et se payer des poulardes!... passer pour un modèle de vertu et vouloir...

HÉLOÏSE, *en dehors.*

Mon oncle! mon oncle! ouvrez-moi!

BERTRADE, *allant ouvrir.*

Mademoiselle Héloïse!

SCÈNE V

HÉLOÏSE, BERTRADE.

HÉLOÏSE.

Mon oncle n'est pas là?

BERTRADE.

Il vient de sortir.

HÉLOÏSE.

Je voulais qu'il me racontât son entrevue avec maître Abélard: je me souviens qu'hier, me croyant une barbière, il m'a dit: Oh! que tu es belle! ·

BERTRADE.

Eh bien?...

HÉLOÏSE.

Eh bien ! — je voudrais qu'il me le répétât — parce que...
(*On entend sonner.*)

BERTRADE.

La cloche du jardin...

HÉLOÏSE.

Lui, peut-être ?...

BERTRADE.

Je vais voir... (*Elle sort.*)

SCÈNE VI

HÉLOISE, *seule.*

HÉLOÏSE.

Oui, c'est lui !. . je le sens aux battements de mon
cœur !... Ah ! si mon oncle se figure que je vais faire de
nouvelles études de grec et de latin... Non ! non ! Je suis
trop pressée pour cela. Ah ! il faut que je me marie pour
hériter de ma tante !... Eh bien ...

BERTRADE, *rentrant.*

Maître Abélard !

SCÈNE VII

HÉLOISE, BERTRADE, ABÉLARD.

TRIO.

ABÉLARD.

C'est elle !

HÉLOÏSE, *à part.*

Il me reconnaît !

ABÉLARD, *lui prenant la main.*

Ma charmante barbière !

HÉLOÏSE.

Que faites-vous ?

ABÉLARD.

Quoi, c'est mon écolière.

Qui me barbifiait ?

HÉLOÏSE.

De grâce !

BERTRADE.

C'est une méprise.

ABÉLARD, *gaîment, lui prenant la taille.*

Je pense à vous depuis hier.

HÉLOÏSE, *noblement.*

Finissez, je suis Héloïse.
Nièce du chanoine Fulbert.

ENSEMBLE.

ABÉLARD.

Elle s'appelle Héloïse,
C'est la nièce de Fulbert.
Quelle aventure. O surprise!
Vraiment, ma raison s'y perd.

HÉLOÏSE.

Oui je m'appelle Héloïse,
Et mon cœur est si peu fier
Qu'il pardonne une méprise,
Mais vous êtes chez Fulbert.

BERTRADE.

Elle s'appelle Héloïse,
Et son cœur est noble et fier,
Il ne faut pas qu'on médise
De la nièce de Fulbert.

ABÉLARD.

Mais par quelle aventure heureuse
Ai-je déjà pu voir les traits qui mont ravi?

HÉLOÏSE.

Vous étiez poursuivi,
Moi, j'étais curieuse;
Et vous voyant en cette extrémité,
Oui, je me suis faite raseuse
Par générosité

ENSEMBLE.

ABÉLARD.

Quelle aventure singulère,
Comme elle fait battre mon cœur,
Une telle écolière
Devra me faire honneur !

HÉLOÏSE.

Oui, l'aventure est singulière,
Mais vous êtes mon professeur.
Puisse votre écolière,
Un jour vous faire honneur.

BERTRADE.

Quelle aventure singulière,
Certes, à semblable professeur,
Une telle écolière,
Fera beaucoup d'honneur.

HÉLOÏSE.

Ne parlons plus de cela... et dites-moi comment il se fait que vous ayez devancé l'heure à laquelle...

ABÉLARD.

C'est qu'il faut qu'à cinq heures je me trouve au couvent voisin...

HÉLOÏSE.

Le couvent de Saint-Julien des Ménétriers, sans doute ..

BERTRADE.

A quelques pas d'ici...

ABÉLARD.

J'avais oublié ce rendez-vous, quand j'ai promis à maître Fulbert...

HÉLOÏSE.

Travaillons bien vite, alors. (*A Bertrade*). Va-t'en guetter mon oncle et préviens-moi dès qu'il reviendra.

BERTRADE.

Oui, Mademoiselle. (*Elle sort.*)

SCÈNE VIII

HÉLOISE, ABÉLARD.

(*Héloïse va s'asseoir sur un fauteuil, à droite. Abélard est debout à côté d'elle.*)

ABÉLARD.

Où en êtes-vous, Mademoiselle ?

HÉLOÏSE.

Mon Dieu... je suis assez avancée.

ABÉLARD.

Ah ! bien...

HÉLOÏSE.

J'ai passé toutes mes licences.

ABÉLARD, *à part.*

Il en est que j'aimerais à prendre avec elle. (*Haut.*) Mais je vous serais obligé de me dire, gente demoiselle, quels sont les sujets sur lesquels vous désirez que je vous instruise.

5.

HÉLOÏSE.

On parle beaucoup de vos nouvelles théories au sujet de la pluralité des mondes.

ABÉLARD.

En effet, cette thèse que j'ai soutenue...

HÉLOÏSE.

Vous en connaissez donc plusieurs ?

ABÉLARD, *penché sur le fauteuil d'Héloïse.*

J'en devine deux surtout qui...

HÉLOÏSE, *naïvement.*

Plaît-il ?

ABÉLARD, *vivement.*

Parfaitement. Mademoiselle, parfaitement, j'en connais plusieurs. (*Avec emphase.*) Les mondes, habitants de l'espace infini, se sont naturellement multipliés, comme se multiplient toutes choses... Vous savez cela, n'est-ce pas ?

HÉLOÏSE, *avec embarras.*

Moi... mais !

ABÉLARD, *poursuivant.*

Géants de la création, les mondes obéissent aux lois universelles et pondérantes qui font que tout gravite en suivant la tendance naturelle des corps les uns vers les autres... Vous n'ignorez pas non plus la tendance naturelle des corps...

HÉLOÏSE, *vivement.*

Continuez, maître, continuez !

ABÉLARD.

Sur terre comme dans l'espace, tout se meut, tout respire, tout existe par cette puissance éternelle dont le grand principe est l'amour.

HÉLOÏSE.

Ah ! l'amour... (*A part.*) Eh bien, mais il y vient tout seul !

ABÉLARD, *avec enthousiasme.*

L'amour, flamme invisible, qui fait que l'étoile sourit à l'étoile, comme le zéphir à la fleur... comme l'homme à la femme.

HÉLOÏSE, *se levant*.

Ah ! oui..., parlez-moi de cette flamme invisible...

ABÉLARD.

L'amour... mademoiselle... l'amour... c'est l'aimant
qui rapproche les pôles de nos âmes ! Ainsi, tenez... Un
exemple... Hier... je ne vous connaissais pas.

HÉLOÏSE.

En effet.

ABÉLARD.

Et aujourd'hui que je suis près de vous, aujourd'hui
que je vous vois telle que vous êtes... un sentiment plus
fort que ma volonté...

SCÈNE IX

LES MÊMES. BERTRADE, *puis* FULBERT.

BERTRADE, *entrant vivement*.

Voici votre oncle.

ABÉLARD.

Diable...

HÉLOÏSE.

Cela ne fait rien !... Vous pouvez continuer...

ABÉLARD, *étonné*.

Devant maître Fulbert.

HÉLOÏSE.

Parlez-moi en latin... il ne le sait pas !

ABÉLARD, *étonné*.

Ah !

FULBERT, *entrant et apercevant Abélard*.

Comment... vous, maître Abélard... Déjà..., mais
n'étions-nous pas convenus...

ABÉLARD.

En effet... je me suis déjà excusé auprès de ma nouvelle élève. Un grave rendez-vous au couvent voisin m'a
obligé de devancer l'heure...

HÉLOÏSE.

Maître Abélard arrive à l'instant...

BERTRADE.

A la minute...

HÉLOÏSE.

Et nous allions commencer...

ABÉLARD.

En effet, nous allions commencer...

FULBERT.

Ah! vous alliez commencer... Que je ne vous gêne pas...

ABÉLARD.

Je reprends !

QUATUOR.

ABÉLARD.

O flamma vitæ meæ,
Meus amor tibi solæ,
Nulla femina numquam,
Sicut te agitavit animam meam !
FULBERT, *à part.*
Que diable veut dire cela,
Qu'est-ce que cette leçon-là ?
(A Abélard.)
Pardon, si je vous dérange,
Mais je trouve assez étrange
Que votre beau discours ne soit pas en français,
Ne pourriez-vous pour moi parler en bon français ?
ABÉLARD.
Non, le latin peut seul bien rendre
Ce que je veux faire comprendre.
Il s'agit des divins décrets
De la céleste Providence.
FULBERT.
C'est différent. *(A part.)* En conscience,
S'il ne s'agit que de cela.... *(Haut.)*
Continuez.
ABÉLARD.
Bon m'y voilà !
(A Héloïse.)
Vis ne respondere mihi ?

HÉLOÏSE.

Voluo respondere tibi.

ABÉLARD.

Per vitam æternam te amo !

HÉLOÏSE, *à part.*

Ah ! français ou latin... combien j'aime ce mot !

ABÉLARD.

Te amo, te amo !

HÉLOÏSE.

Æqualiter ego, care Abelarde !
Sed ego sum honesta filia,
Et exigo, ante conversationem,
Matrimonium legalem !

ABÉLARD.

O suprema félicitas
Gratiosissima voluntas !

TOUS DEUX ENSEMBLE.

Te amo !... te amo !

FULBERT, *à part.*

J'aimerais bien mieux, c'est certain,
Qu'on parlât un peu moins latin !

BERTRADE, *à part.*

Rien qu'à leurs regards, c'est certain,
Je crois comprendre le latin.

HÉLOÏSE.

Eris maritus meus !

ABÉLARD.

Et eris uxor mea !

HÉLOÏSE ET ABÉLARD, *ensemble.*

Repetemus, repetemus,
        O thesaurus :
    Te amo, te amo,
    Semper te amabo !

FULBERT.

Qu'est-ce que cela veut dire ?
Ils répètent en duo
Ces mots qui les font sourire,
Je n'aime pas *te amo !....*

BERTRADE.

Je vois ce que ça veut dire,
Et je comprends *subito*.
Malgré moi, mon cœur soupire,
En répétant *te amo*.

ABÉLARD.

Tant pis, je ny tiens plus... l'ardeur qui me dévore
M'oblige à lâcher le latin !

FULBERT, *à part*.

Hein !

ABÉLARD.

Dans ma langue, soir et matin
Je veux te dire, je t'adore !

(Il tombe aux genoux d'Héloïse.)

FULBERT, *à part*.

Grands dieux ! que vois-je là !

ABÉLARD, *à Fulbert*.

Pardonnez mon ivresse,
Je vous demande ici la main de votre nièce.

FULBERT.

Sa main...

BERTRADE, *à part*.

Aïe ! aïe !

ABÉLARD.

Et oui, sa main.

FULBERT.

Monsieur, monsieur. sortez, soudain,
Oui, je vous chasse à l'instant même.

ABÉLARD.

Me chasser !

HÉLOÏSE.

Le chasser, lui... je l'aime !

FULBERT.

Tu l'aimes ?

HÉLOÏSE.

Je l'aime !

ABÉLARD.

Elle m'aime !

FULBERT.

O ! rage, ô fureur !
Voyez, mon sang bouillonne.

Sortez, je vous l'ordonne,
Ou craignez un malheur.

ENSEMBLE.

<table>
<tr><td>ABÉLARD.</td><td>HÉLOÏSE.</td></tr>
<tr><td>O rage ! ô fureur !
Sa colère m'étonne,
Mais je ne crains personne,
Et de rien je n'ai peur.</td><td>O rage ! ô fureur !
Vainement il ordonne ;
A jamais je me donne
A qui toucha mon cœur.</td></tr>
<tr><td>BERTRADE.</td><td>FULBERT.</td></tr>
<tr><td>O rage ! ô fureur !
Quand son vieux sang bouillonne,
Même pour ma personne
Je redoute un malheur.</td><td>O rage ! ô fureur !
Voyez mon sang bouillonne.
Sortez, je vous l'ordonne,
Oui, craignez un malheur.</td></tr>
</table>

*(Abélard sort par le fond à droite. Héloïse et Bertrade
par le fond à gauche.)*

SCÈNE X

FULBERT, *seul*.

Ah ! j'étouffe !... je suffoque ! *Te amo ! Te amo !...*
Voilà donc ce que voulait dire : *Te amo.* C'est bien fait...
et je n'ai que ce que je mérite !... Aller moi-même intro-
duire sous mon toit... Comment réparer... (*Comme frappé
d'une idée.*) Le couvent !... Oui, Héloïse est orpheline,
et justement dans cette rue se trouve la maison de Saint-
Julien-des-Ménétriers ; je n'en connais pas la supérieure,
mais en lui disant qui je suis... en lui nommant surtout
ce mécréant d'Abélard... Oui, c'est le salut ! et de ce pas
je cours...

SCÈNE XI

FULBERT, BERTRADE.

BERTRADE, *au fond, allant de gauche à droite.*
Ah ! l'imprudent ! S'il en est temps encore... (*apercevant Fulbert.*) Ciel !

FULBERT.

Ah! te voilà, serpent?

BERTRADE.

Serpent!

FULBERT.

Tu es donc de moitié dans les petits complots de ta maîtresse?

BERTRADE.

Comment?

FULBERT.

Et c'est moi que tu trahis.

BERTRADE

Moi!

FULBERT.

Mais patience, patience, ma belle! A mon retour nous causerons seul à seule.

BERTRADE.

Mais...

FULBERT.

Seul à seule, je ne te dis que ça! (*Il sort vivement.*)

SCÈNE XII

BERTRADE seule, puis EGINHARD.

BERTRADE.

Ah! mon Dieu!... il va rencontrer mon jeune homme! Oser escalader un mur et me poursuivre jusqu'ici... Ah! si maître Fulbert l'aperçoit, je suis perdue... (*Écoutant.*) Je n'entends rien... il n'aura pas oser franchir... Ah! monsieur Fulbert est parti maintenant (*Elle va pour sortir et jette un cri en apercevant, Eginhard qui entre.*) Ah!

EGINHARD.

Bonjour!

BERTRADE.

Que venez-vous faire ici?...

EGINHARD.

Je viens te dire que je t'aime.

BERTRADE.

Malheureux !

EGINHARD.

Quel est le bonhomme que j'ai aperçu...

BERTRADE.

Maitre Fulbert ! il ne vous a pas vu, au moins !

EGINHARD.

Je venais d'escalader le mur !... je me suis bien vite
caché derrière un taillis et il est passé sans m'apercevoir.

BERTRADE.

Imprudent ! si l'on vous trouvait ici...

EGINHARD.

Eh bien ! tâche qu'on ne m'y trouve pas... cache-moi !

BERTRADE

Vous cacher ?

EGINHARD.

Où est ta chambre ?

BERTRADE, *avec malice.*

Vous voulez le savoir ?

DUO.

BERTRADE.

Ma chambre, elle est dans la boutique.
C'est la chambre de mon mari.

ÉGINHARD.

Oui, c'est ton foyer domestique,
Je le respecte... mais ici,
Je sais que, près de ta maîtresse,
Tu trouves un autre logis.
Où donc est-il ce paradis ?
Où je voudrais rester sans cesse.

BERTRADE.

Vous ne le saurez pas.

EGINHARD.

Tu veux donc mon trépas ?

BERTRADE.

Je ne vous dirai rien ! Vous ne le saurez pas.

ENSEMBLE.

<table>
<tr><td>BERTRADE.</td><td>EGINHARD.</td></tr>
<tr><td>De venir m'y surprendre,</td><td>De venir t'y surprendre.</td></tr>
<tr><td>Il n'est aucun moyen;</td><td>Donne-moi le moyen;</td></tr>
<tr><td>Inutile d'attendre,</td><td>Tu ne pourras m'attendre,</td></tr>
<tr><td>Je ne vous dirai rien.</td><td>Si tu ne me dis rien.</td></tr>
</table>

ÉGINHARD.

Ah ! crains tout de mon désespoir,
Si dans ta chambre, dès ce soir,
Tu ne souris à ma tendresse.

BERTRADE.

A quoi bon vous faire savoir
Qu'elle est au fond de ce couloir,
Près de celle de ma maîtresse.

EGINHARD.

Bravo ! je reviendrai par le mur, à minuit.

BERTRADE.

Mais cette porte est fermée à la nuit.

EGINHARD.

Ah ! diable...

BERTRADE, *riant.*

Une entrave nouvelle.

EGINHARD.

Mais, dis-moi, comment s'ouvre-t-elle ?

BERTRADE.

Vous ne le saurez pas.

EGINHARD.

Tu veux donc mon trépas ?

BERTRADE.

Je ne vous dirai rien, vous ne le saurez pas.

REPRISE DE L'ENSEMBLE.

De venir $\left\{ \begin{matrix} m'y \\ t'y \end{matrix} \right\}$ surprendre, etc.

EGINHARD.

En vérité, c'est diabolique,
Enfermer ainsi la beauté.

BERTRADE.

Il est vrai que par la boutique,
On peut entrer par ce côté.

EGINHARD.

Bravo ! mais ton époux.

BERTRADE.

On l'éloigne...

ÉGINHARD.

Oh ! très forte.

BERTRADE.

Mais de cette petite porte,
Vainement je vous ai parlé,
Je n'en ai pas la clé.

EGINHARD.

Ah diable... Où donc est-elle,
Réponds, réponds, ma belle:

BERTRADE.

Ça, je ne le sais pas.
Oui, je l'ignore, hélas,
Je vous le dirais bien, mais je ne le sais pas.

ENSEMBLE.

EGINHARD,	BERTRADE.
Elle ne le sait pas.	Oui, je ne le sais pas.
Hélas ! trois fois hélas !	Oui, je l'ignore, hélas !
Puisqu'elle n'en sait rien, je ne	Je vous le dirais bien, mais
[le saurai pas.]	[je ne le sais pas.

EGINHARD, *allant à la porte et l'ouvrant.*

Dire que si j'avais la clé de cette maudite porte... Tiens!
elle est ouverte.

BERTRADE.

Ah mon Dieu !

EGINHARD.

Et ce n'est pas la boutique... un escalier.

BERTRADE.

Oui, qui mène au dehors, par la cour... mais le soir
cette porte aussi est fermée.

EGINHARD, *amoureusement.*

Tu peux l'ouvrir.

BERTRADE, *tendant l'oreille.*

Ciel!... entendez-vous? c'est la grille du jardin qui se
referme... Vite, descendez par là... vous me perdez!

EGINHARD.

Mais tu m'ouvriras ce soir.

BERTRADE.

Non, monsieur, non, partez!...

EGINHARD.

Adieu! je t'aime. (*Il sort vivement.*)

BERTRADE, *seule, fermant la porte.*

Plus souvent que je lui ouvrirai.(*Voyant entrer Fulbert.*)
Maître Fulbert! Oh! s'il pouvait ne pas me voir (*Elle se
cache derrière la statue et, lorsque Fulbert passe par
devant, elle se sauve sans être aperçue de lui.*)

SCÈNE XIII

FULBERT, *seul.*

La supérieure était absente. On doit la prévenir de ma
visite, et me faire avertir dès qu'elle pourra me recevoir...
Dois-je prévenir Héloïse? Non... Pas avant de connaître
la réponse de la supérieure. Voilà près d'un quart d'heure
que j'ai quitté le couvent, où l'on m'a dit qu'elle ne tar-
derait pas à reparaître, attendons. (*On entend le son de la
cloche.*) On sonne!... peut-être vient-on m'annoncer...

BERTRADE, *rentrant.*

Monsieur, c'est madame la chanoinesse Gudule!

FULBERT, *avec empressement.*

Eh quoi? Gudule elle-même!

BERTRADE.

La voici!

FULBERT, *la voyant entrer.*

Chez moi... ah! madame!

SCÈNE XIV

LES MÊMES, ABÉLARD, *déguisé en chanoinesse. Sur un
signe de Fulbert, Bertrade se retire.*

ABÉLARD.

COUPLETS.

I

Rue du Battoir-Saint-Victor, onze,
Près de celle des Plâtriers,

On peut lire en lettres de bronze :
Saint Julien des Ménétriers.
C'est le couvent que je dirige.
Jadis, chez les moines reclus,
On y vit maint et maint prodige,
Mais aujourd'hui l'on n'en fait plus.

Pour les fillettes au cœur tendre,
Cette maison est un trésor,
Je me charge de leur apprendre
Ce qu'elles ignorent encor.

II

Dans notre maison, je m'en vante,
Aucun danger pour ces brebis.
La nourriture est excellente,
On a du bœuf tous les jeudis.
On les instruit, il faut voir comme,
Tous les quarts d'heure une oraison !
Excepté pour moi, pas un homme
Ne pénètre dans la maison.

Pour les fillettes, etc.

FULBERT.

Ah ! madame la chanoinesse, donnez-vous donc la peine...

ABÉLARD.

J'apprends à l'instant que vous me désirez me voir et...

FULBERT.

Quelle bonté !... mais donnez-vous donc la peine... (*Il lui offre un siége.*)

ABÉLARD, *s'asseyant.*

Merci... de quoi s'agit-il ?

FULBERT.

Hélas, madame la chanoinesse, d'un malheur affreux...

ABÉLARD.

Vous m'effrayez.

FULBERT.

J'ai pour nièce une jeune orpheline que j'ai élevée de mes deniers.

ABÉLARD.

C'est d'une belle âme...

FULBERT.

Ses goûts naturels la portaient vers les études abstrai-
tes. Je lui ai fait apprendre tout ce qu'on peut savoir.

ABÉLARD.

C'est beaucoup !

FULBERT.

Oh! je m'en repens! J'ai été d'une faiblesse révoltante,
car j'ai même consenti à lui donner pour professeur un
réprouvé, un imposteur, le nommé Abélard.

ABÉLARD, *se voilant la face.*

Ah! ne prononcez pas ce nom-là devant moi!

FULBERT.

Oui vous frémissez, et si vous saviez...

ABÉLARD.

Quoi donc?

FULBERT.

Apprenez que le misérable a su se faire aimer de ma
nièce...

ABÉLARD.

Quoi, votre nièce...

FULBERT.

Elle l'adore et... et je ne vois de salut pour elle que dans
la sainte maison dont les soins vous sont confiés,

ABÉLARD.

En effet, ce moyen ..

FULBERT.

Est excellent, mais je crains le caractère exalté de ma
nièce! Elle se révoltera à l'idée d'entrer dans un couvent,
quand des pensées...

ABÉLARD.

Plus mondaines... Faites-moi parler à votre nièce...

FULBERT.

Eh! quoi vous daigneriez?...

ABÉLARD.

Allez me la chercher, et laissez-nous ensemble... je vous
promets de lui faire entendre raison.

FULBERT.

C'est juste... devant moi, peut-être... tandis que seule avec vous... Ah! madame, vous êtes mon bon ange!... Dans deux minutes, je vous l'amène. (*Il sort, après avoir salué cérémonieusement Abélard.*)

SCÈNE XV

ABÉLARD, *seul.*

Allons... ça marche assez bien... Quel bonheur de m'être trouvé au couvent juste au moment où maître Fulbert... Ah! Héloïse, Héloïse... (*Trébuchant.*) Par les cornes du diable, que ce costume est gênant! Pourvu que je n'aille pas me trahir!

HÉLOÏSE, *au dehors.*

Non, non, cent fois non.

FULBERT, *au dehors.*

Je le veux.

ABÉLARD.

Les voilà. A mon rôle.

SCÈNE XVI

ABÉLARD, FULBERT, HÉLOISE.

HÉLOÏSE, *entrant.*

Non, vous me l'ordonnerez en vain! Je ne veux pas entrer au couvent, je n'y entrerai pas.

FULBERT.

Osez-vous, en présence de madame !

HÉLOÏSE.

C'est à elle-même que j'en appelle... (*A Abélard.*) Madame, on me menace, on me violente, on veut faire du couvent une prison pour moi... Mais vous me défendrez.

ABÉLARD, *à Héloïse.*

Oui, mon enfant, calmez-vous, nous allons causer ensemble... (*A Fulbert.*) Maître Fulbert, veuillez nous laissez seuls tous les deux... (*Se reprenant*), toutes les deux!...

FULBERT.

Je m'éloigne, mais faites-lui comprendre que ma volonté
est absolue, et que si elle ne cède pas de bonne grâce...

ABÉLARD.

Ne la menacez pas ! fiez-vous à moi.

FULBERT.

Je me retire... (*Il sort.*)

SCÈNE XVII

ABÉLARD, HÉLOISE.

ABÉLARD, *d'une voix pateline.*

Mon enfant !

HÉLOÏSE, *fiévreusement.*

Non, non, n'espérez pas me faire consentir... Si mon
oncle ne vous l'a pas dit, sachez que j'aime .. oui j'aime
Abélard !... Abélard, que vous détestez tous, moi je
l'aime...

ABÉLARD, *avec feu.*

Et vous avez raison de l'aimer, car il vous adore. (*Il
jette son costume de vieille.*)

HÉLOÏSE.

Ciel !

DUO

HÉLOÏSE.

C'est lui !

ABÉLARD, *regardant la porte par où vient de sortir Fulbert.*
Silence ! il est peut-être là.
(*Il va ouvrir la porte.*)
Personne.

HÉLOÏSE.
Est-ce vous que voilà ?

ABÉLARD.
De votre oncle, je vous délivre,
Nous sommes seuls, il faut me suivre.

HÉLOÏSE.
Mais, en plein jour, tous deux partir,
Serait une grave imprudence.

ABÉLARD.

Maître Fulbert peut revenir,
Mettons à profit son absence.

HÉLOÏSE.

Non ! mon oncle dans un instant
Aura quitté cette demeure ;
Car tous les jours à pareille heure
Son devoir l'appelle au couvent...

(Lui montrant la porte à gauche.)

Or, c'est par cette porte
Que vous allez sortir,
Afin de revenir
Par cette même porte.

ABÉLARD.

Revenir... mais comment ?

HÉLOÏSE.

De la sorte...
Cet escalier au dehors vous conduit,
De ce côté n'entre personne ;
Voici la clef, je vous la donne...
Et dans une heure, il fera nuit.

ABÉLARD.

Bon ! je crois vous comprendre.
Ici je reviendrai
Dans une heure vous prendre.

HÉLOÏSE.

Et je vous attendrai.

ENSEMBLE.

A notre aide, j'implore
Le vrai dieu des amours.
Jurons, jurons encore   } *bis.*
De nous aimer toujours.

HÉLOÏSE.

Il se fait tard, partez bien vite !

ABÉLARD.

Je pars, et dans quelques instants
Tout sera prêt pour notre fuite.

HÉLOÏSE.

J'ai confiance et vous attends ;
Ne craignez rien, je vous attends.

REPRISE ENSEMBLE.
A notre aide, j'implore. Etc.

(Après le duo, Abélard embrasse vivement Héloïse. Elle l'aide à remettre son costume de chanoinesse. Il sort par la petite porte à gauche... Elle lui fait un dernier signe d'adieu et sort par l'autre porte.)

SCÈNE XVIII

FULBERT *seul*.

(La scène reste vide une demi-minute. Puis la statue du moine s'ouvre brusquement et laisse voir une grande cachette d'où Fulbert descend en scène, le visage décomposé.)

FULBERT, *d'une voix entrecoupée*.

C'était Abélard... Un enlèvement... Je suis ruiné... Que faire ?

SCÈNE MUETTE.

(La musique joue en sourdine l'air du Testament chanté par Héloïse à la scène première.)

Fulbert tombe dans un fauteuil. Il paraît anéanti. Après une minute de prostration, il relève la tête et semble se demander de nouveau : « Que faire ? » L'idée de relire le testament lui vient. Il se lève, se dirige vers le moine et touche sa cordelière. Le tiroir s'ouvre. Fulbert y prend le testament, traverse le théâtre, va s'asseoir à gauche et se met à lire. A mesure que sa lecture avance, le découragement se peint sur ses traits. Il laisse tomber le testament sur la table. Il est consterné. Tout à coup sa physionomie s'éclaire. Il semble concevoir un projet. Un sentiment de joie satanique se lit sur son visage. Il se lève brusquement, vient sur le devant de la scène et semble se dire : « Oui, c'est bien cela ! » Mais alors une pensée nouvelle arrête l'élan de sa satisfaction. Il paraît se faire scrupule de son étrange pensée. Cependant son intérêt pressant l'emporte, et, par un geste énergique, il a l'air de s'écrier : « Le sort en est jeté ! »

SCÈNE XIX

FULBERT, BONIFACE.

BONIFACE, *au dehors*.

C'est bon, c'est bon, reste à m'attendre là : je vais lui parler.

FULBERT, *à part.*

Boniface ! (*Il tire ses tablettes et se met a écrire.*)

BONIFACE, *entrant.*

Ah ! le voilà ! (*allant à Fulbert*) Je vous cherchais, maître Fulbert...Ce que ma femme vient de m'apprendre serait-il vrai?... Vous nous chasseriez... et cela au moment même où j'ai perdu tout espoir de fortune et d'avenir...

FULBERT, *à part.*

Boniface !

BONIFACE.

Car je vous l'ai dit !... Le Théodore du grand prévôt n'était qu'un faux Théodore... Il n'y avait pas, sur son omoplate, la moindre trace de gueule...

FULBERT, *l'interrompant.*

Écoute ! Et comprends-moi bien...

BONIFACE.

Ah mon Dieu ! comme vous êtes pâle !

FULBERT.

Oui... tout à l'heure j'étais rouge... je suis pâle à présent... Il ne s'agit pas de cela ! Tu me dois onze termes?

BONIFACE.

Hélas!

FULBERT.

Tu ne peux pas me les payer ?

BONIFACE.

Non...

FULBERT.

Demain... je puis te faire mettre en prison.

BONIFACE, *suppliant.*

Certainement... mais...

FULBERT.

Tais-toi... Veux-tu gagner cinq cents pistoles ?

BONIFACE, *bondissant.*

Cinq cents pistoles!

FULBERT.

Et devenir propriétaire de ta boutique ?

BONIFACE, *avec joie.*

Si je le veux...

FULBERT.

Alors, suis-moi !

BONIFACE.

Où donc ?

FULBERT, *sans lui répondre.*

Derrière cette statue, un passage mystérieux, qui n'est
connu que de moi, va nous conduire chez toi... c'est là
que je te ferai connaître mes volontés.

FINAL.

FULBERT.

Chez toi, tu seras maître,
Mais retiens bien cela,
Je ne veux pas paraître
Dans cette affaire-là.

BONIFACE.

Mais que dois-je donc faire,
Et quel est ce mystère
Que je ne comprends pas ?

FULBERT *(l'entraînant vers le fond).*

Suis-moi, tu le sauras.

*(Ils sortent par le fond. Pendant cette scène, le jour a baissé
par degrés.)*

SCÈNE XX

BERTRADE, *seule, entrant par la droite.*

RÉCIT.

Je n'entends rien, et déjà le jour baisse.
Et quoi ! personne ici ;
J'y croyais trouver mon mari...
Maintenant, je tremble sans cesse.
Si le beau galant qui me presse
S'avise hélas de revenir,
Que devenir ?

COUPLETS.

I

De tout ce jeune homme est capable ;
Si mon mari le rencontrait,

Quoiqu' innocente, il se pourrait
Que je lui parusse coupable!
J'aurais beau me défendre, hélas!
          Mieux vaux l'être.
          Que le paraître!
On est toujours dupe, ici-bas, } *bis.*
De paraître ce qu'on n'est pas. }

II

Pour être une épouse modèle,
Il ne faut que se cacher bien;
Qu'importe, quand on n'en sait rien,
Qu'une femme soit infidèle!
C'est peut-être mal; en tout cas,
          Mieux vaut l'être
          Que le paraître,
Puisqu'on vous punit ici-bas } *bis.*
De paraître ce qu'on n'est pas. }

La musique continue à l'orchestre. La nuit est tout à fait venue.
Et les ténèbres qui deviennent plus épaisses... Et ce
grand vilain moine qui me fait peur! Brou... Sauvons-
nous vite... (*Elle disparaît par la porte de droite.*)

SCÈNE XXI

BONIFACE, FRIQUET, *garçons perruquiers, paraissant*
derrière la statue. Ils sont tous enveloppés dans de
grands manteaux.

CHŒUR.

Devenons célèbres,
Oui, célèbres tous,
Et dans les ténèbres
Dissimulons-nous!
Dès qu'il va paraître,
Sachons le saisir,
Aux ordres du maître,
Il faut obéir.

BONIFACE.

C'est par cette porte que le séducteur doit arriver...

FRIQUET.

Par cette porte... je me sens défaillir !

BONIFACE.

Tu trembles...

FRIQUET.

Non ! Si... Eh bien oui, je tremble ! Écoutez donc patron !... je suis entré chez vous pour exercer la profession de perruquier, mais...

BONIFACE.

Tais-toi, je crois entendre...

FRIQUET.

Entendre ?

BONIFACE, *tendant l'oreille.*

On monte l'escalier.

FRIQUET.

Je défaille...

BONIFACE, *aux perruquiers.*

Vite ! vite ! là ! derrière la statue !
(Tous se cachent. Friquet se met sous la table.)

SCÈNE XXII

Les Mêmes, ÉGINHARD, *entrant par la porte de gauche, puis* FULBERT.

ÉGINHARD.

Elle est bien bonne ! Entrons, et sans retard,
Profitons de la circonstance !
Abusant de sa confiance,
J'ai chipé la clef d'Abélard !
Dans les bras de ma belle.
C'est l'amour qui m'appelle,
Heureux ! bienheureux Éginhard...

(Pendant les deux derniers vers, on a vu les perruquiers se montrer peu à peu; l'un des deux saute sur Éginhard. Boniface le bâillonne. Les autres l'entraînent du côté du passage secret en chantnat très gaîment le chœur suivant) :

CHŒUR.

Nous le tenons,
Nous le tenous;
Pas de résistance, marchons...
Nous le tenons,
Nous le tenons,
Au maître nous obéissons !

*(La statue s'entr'ouvre. On aperçoit Fulbert dans sa cachette,
se frottant les mains. Un rayon de lune frappe son visage, sur
lequel se peint la joie du triomphe.)*

(Le rideau baisse,)

FIN DU DEUXIÈME ACTE.

ACTE TROISIÈME

Le jardin de la maison de Fulbert. Au fond, un grand mur avec une grille. A gauche, un bosquet avec un banc de pierre. A droite, un pavillon gothique.

SCÈNE PREMIÈRE

BERTRADE, *seule, sortant du pavillon.*

N'ai-je pas entendu... Non... Je croyais pourtant... Oh ! mon Dieu, non ! C'est toujours le même silence, la même solitude, et voilà trois mois que ça dure... trois mois !

COUPLETS

I

J'avais un' sœur de lait, j'avais
Le bonhomme Fulbert pour maître...
J'avais un mari, je pouvais
Avoir un amoureux peut-être.
    Ah! ah! ah! ah! ah! ah!
Que sont dev'nus tous ces gens-là ?

II

Je regrette Héloïse, hélas!
Je regrette son oncle même...
Le mari que je n'aime pas,
L'amoureux que peut-être j'aime.
    Ah! ah! ah! ah! ah! ah!
Que sont dev'nus tous ces gens-là ?

SCÈNE II

BERTRADE, ABÉLARD.

Abélard apparaît sur le mur du fond.

DUETTINO.

ABÉLARD.

Enfin! j'y suis.... Une femme, c'est elle!
Mais non, Bertrade..... (*Il descend.*)

BERTRADE.

Qui m'appelle?

(*Apercevant Abélard.*)
Ciel!... un voleur! Au secours.... au secours!

ABÉLARD.

Silence..... veux-tu bien te taire?

BERTRADE.

Eh! quoi... c'est vous!

ABÉLARD.

Je suis libre et j'accours,
Avec prudence... avec mystère...

ENSEMBLE

BERTRADE.	ABÉLARD.
Ah! voyez quel effroi	Calme un peu ton effroi,
Me cause la surprise.	Modère ta surprise;
Parlez-moi d'Héloïse,	Parle-moi d'Héloïse,
Vite, rassurez-moi.	Vite, rassure-moi.

BERTRADE.

Héloïse... Où est-elle ?

ABÉLARD.

C'est toi qui me le demandes?

BERTRADE.

Vous ne le savez pas ?

ABÉLARD.

Moi !... Tel que tu me vois, Bertrade, je sors de prison...

BERTRADE.

Ah ! mon Dieu !..

ABÉLARD.

Mais, de grâce !... qu'est-il arrivé ?... Héloïse ?

BERTRADE.

Voilà trois mois qu'elle est partie...

ABÉLARD.

Partie !

BERTRADE.

Le lendemain de votre première leçon...

ABÉLARD.

Hélas ! la première et la seule... Mais partie...
Comment ? Pourquoi ? Avec qui ?

BERTRADE.

Avec son oncle !

ABÉLARD.

Et partie pour ?...

BERTRADE.

Je n'en sais rien ! Je me trouvais seule dans ma boutique, attendant mon mari, qui lui-même a disparu depuis
ce jour-là, quand on est venu me dire: « M. Fulbert vous
demande. » Je me hâte... et je trouve mon maître et ma
sœur de lait montant en carrosse. Héloïse avait les yeux
rouges, et M. Fulbert était d'un pâle !... Depuis, plus de
nouvelles !

ABÉLARD.

Que me contes-tu là ? — Héloïse enlevée !

BERTRADE.

Quoi ! c'est aujourd'hui seulement que vous apprenez...

ABÉLARD.

Ah ! Bertrade ! Quand tu sauras... Il y a trois mois,
le jour dont tu me parles, Héloïse devait fuir avec moi...

BERTRADE.

Je le sais...C'est également le jour où ce jeune homme
devait... Enfin, continuez !

ABÉLARD.

La nuit venue, je m'étais mis en route pour accourir
ici, lorsqu'en traversant le port Saint-Landry, je tombe
au milieu d'une compagnie de sbires... On se jette sur

moi ! Je me défends comme un lion !... Vains efforts !
Le nombre l'emporte, et je suis jeté dans un cachot du
Châtelet...

BERTRADE.

Mais on nous avait dit que tout était apaisé... que vous
n'aviez plus aucun danger à courir...

ABELARD.

On me l'avait dit aussi... Et non-seulement on m'arrête..., mais pendant ma captivité on pilla ma maison.
Tout ce que je possédais me fut ravi; aujourd'hui, je suis
ruiné... je serais même sans asile, si l'un de mes disciples
ne m'avait donné l'hospitalité à la taverne du Lion d'argent.

BERTRADE.

Bah ! dans cette rue?...

ABÉLARD.

Ici, tout près... Eh bien, de tout ce que j'ai perdu, ce
que je regrette davantage, c'est la petite clef qu'elle m'a-
vait donnée...

BERTRADE.

Ce sont peut-être les sbires qui...

ABÉLARD.

Oh ! mais il faut que je la retrouve...

BÈRTRADE.

La clef?

ABÉLARD.

Non... Héloïse ! Je la retrouverai, Bertrade, ou tu ne
me reverras plus. (*L'embrassant.*) Adieu ! (*Il se sauve.*)

SCÈNE III

BERTRADE, *seule.*

Eh bien!... Eh bien !... A-t-on jamais vu... et où
va-t-il par là ? (*Courant après lui.*) Mais ça n'est pas...
(*S'arrêtant.*) Bah ! il trouvera la petite porte ! Mais que
d'aventures ! (*Bruit d'une voiture au dehors*). Tiens !
(*Regardant à la cantonade, à droite.*) Une voiture qui
s'arrête... Ah! qu'est-ce que je vois?... Héloïse...Maître
Fulbert! Ah! mais c'est donc la journée aux reve-
nants!...

SCÈNE IV

BERTRADE, FULBERT, HÉLOISE.

BERTRADE, *courant au-devant des arrivants.*
Est-il possible ?... Est-ce bien vous ?...

FULBERT, *gaîment.*
Oui, oui, ma fille, c'est bien nous.

HÉLOÏSE, *avec tristesse.*
Bonjour, Bertrade.

BERTRADE.
Bonjour... Ah! mon Dieu!... comme vous avez l'air triste.

FULBERT.
Oui. Ma nièce a été souffrante, mais ce ne sera rien. Paris lui manquait, et grâce au ciel nous voilà revenus.

BERTRADE.
Et me ramenez-vous mon mari ?

FULBERT, *surpris.*
Ton mari est absent ?

BERTRADE.
Depuis que vous êtes parti...

FULBERT.
Depuis trois mois !

BERTRADE.
Je ne l'ai pas revu...

FULBERT.
Ah!

BERTRADE.
Et, qui plus est, j'ignore ce qu'il est devenu...

FULBERT.
Tu ignores...?

BERTRADE.
Ça vous étonne... hein !

FULBERT, *réfléchissant.*
Moi!... oui... en effet... Mais le voyage nous a fatigués. Il faut nous reposer. Viens, Héloïse.

HÉLOÏSE.

Non, mon oncle. Je sens qu'ici je respire mieux. Et puis, il y a si longtemps que je n'ai vu Bertrade...

FULBERT.

Soit, causez; mais ne te fatigue pas trop. (*A part, sortant.*) Je puis les laisser ensemble, je n'ai plus rien à craindre. (*Il sort.*)

SCÈNE V

HÉLOISE, BERTRADE.

BERTRADE.

Ah! mademoiselle, dites-moi ce qui s'est passé.., pourquoi vous êtes partie?...

HÉLOÏSE.

Tu vas tout savoir... Apprends donc que j'étais humiliée, désolée, furieuse; j'avais passé toute une nuit à attendre... Mais à quoi bon te dire .. Au point du jour, mon oncle entra dans ma chambre... Il me dit qu'un grand danger le menaçait... qu'il allait partir, et me supplia de l'accompagner. Ah! Bertrade, ce jour-là, je l'aurais suivi au bout du monde!... J'étais heureuse de quitter Paris, de m'éloigner... Nous partîmes pour la Bretagne, où, pendant trois mois, nous avons mené une existence...

BERTRADE.

Ah! oui... seule avec votre oncle! Ça devait être d'une gaîté... J'en ai le frisson, rien que d'y penser !

HÉLOÏSE.

Il était sombre, farouche. Il tremblait au moindre bruit. Enfin, il y a de cela huit jours, mon oncle a reçu des nouvelles de Paris. Il paraît que rien ne s'opposait plus à notre retour... Et nous voici!

BERTRADE.

Et le motif de votre chagrin?...

HÉLOÏSE, *avec tristesse*.

Ne me le demande pas...

BERTRADE, *malicieusement.*

Je le connais...

HÉLOÏSE.

Alors, ne m'en parle pas...

BERTRTDE.

Apprenez que maître Abélard...

HELOÏSE, *l'interrompant.*

Ne prononce pas ce nom.

BERTRADE.

Laissez-moi vous dire seulement qu'il a été arrêté la nuit même où vous l'attendiez ; et qu'il vient de passer trois mois dans une affreuse prison !

DUO.

HÉLOÏSE.

Que m'apprends-tu ?

BERTRADE.

Ce qu'il vient de me dire.

HÉLOÏSE.

Lui ! Mais où donc ?

BERTRADE.

Ici même, à l'instant.

HÉLOÏSE.

Ici, grand Dieu !

BERTRADE.

Témoin de son délire,
Je pleurais presque en l'écoutant.

HÉLOÏSE.

Il m'aime encore !

BERTRADE.

Il vous adore !

HÉLOÏSE.

Il m'aime encore !

BERTRADE.

Plus que jamais !

bis.

HÉLOÏSE.

L'amour me rend à l'existence,
A l'espérance,
Je renais.

ENSEMBLE.

Pour qu'on ressuscite,
Oubliant bien vite,
Le chagrin secret
Dont on se mourait,
Il peut donc suffire
Qu'on vienne nous dire :
Il est de retour,
Crois à son amour.

BERTRADE, *voyant Héloïse chanceler*

Qu'avez-vous ?

HÉLOÏSE.

Rien... Rien !

BERTRADE.

Votre trouble m'afflige !

Vous chancelez !...

HÉLOÏSE..

Non ; ce n'est rien, te dis-je !...

ROMANCE

I

Je souffrais d'un cruel chagrin,
Brûlant d'une inutile flamme ;
Le bonheur m'arrivant soudain
Porte un nouveau trouble en mon âme.
Le bonheur, si rare ici-bas,
Nous surprend quand il nous arrive,
Et la douleur qu'il cause est vive ;
Mais, sois tranquille, on n'en meurt pas.   *(Ter.)*

(Elle va s'asseoir sur le banc de pierre, et, comme frappée d'une idée, tire des tablettes de son aumônière et se met à écrire.)

BERTRADE.

II

Et moi qu'on voit courant partout,
Depuis trois mois sans Boniface,
Si je le voyais tout à coup,
Si nous nous trouvions face à face...
Un mari qu'on retrouve, hélas !
Fait plus de plaisir que de peine.

Mais, qu'il s'en aille ou qu'il revienne,
Je suis tranquille, on n'en meurt pas !

HÉLOÏSE, *à part.*

L'heureuse idée !

BERTRADE, *à part.*

À présent, que fait-elle ?

(Voyant Héloïse écrire.)

Elle écrit; à qui donc ? Sans doute au revenant.
Et voilà ce que c'est pourtant
Que d'instruire une demoiselle.

HÉLOÏSE, *se levant et venant à Bertrade.*

Mais de maître Abélard, connais-tu la demeure ?

BERTRADE.

Oui, près d'ici...

HÉLOÏSE.

Porte-lui ce billet.
Puis, chez le chapelain, cours bien vite en secret,
Et dis-lui bien que dans une heure,
Pour notre mariage, il faut que tout soit prêt !

BERTRADE.

Pour votre mariage ?

HÉLOÏSE.

Allons ! dépêche-toi !

BERTRADE.

Mais votre oncle Fulbert ?...

HÉLOÏSE.

Va vite ! Obéis-moi !

ENSEMBLE

Ah ! vraiment !
Rien n'est plus charmant,
En un seul moment,
Tout change
Et tout s'arrange.
Mais voilà,
Mon
Son oncle saura   bis.
Bientôt tout cela !
Qu'est-ce qu'il dira ?
Il se fâchera,
Puis pardonnera.
Ah ! vraiment !
etc.

SCÈNE VI

HÉLOISE, *seule*.

Et moi qui l'accusais ! Vite, courons trouver mon oncle,
il ne pourra me refuser... — D'ailleurs, s'il refusait, le
testament de ma tante, dont je ne lui ai pas encore parlé...
Mais il ne refusera pas. — Il m'a promis en Bretagne de
faire à l'avenir toutes mes volontés ; je n'ai donc rien à
craindre et je puis enfin me livrer à l'espoir de ce bonheur
que je croyais à jamais perdu.

VALSE.

Ah ! ah ! viens, je t'aime,
Viens à moi, sois à moi, roi suprême,
Car c'est toi, toi seul que j'aime.
Viens, je t'aime, ah ! ah !
Viens à moi, sois à moi, roi suprême,
Car c'est toi seul que j'aime.
Viens à moi, sois à moi, roi suprême,
Car c'est toi, toi seul que j'aime.

En vain la force et l'injustice
Auront assombri nos beaux jours,
En vain l'intrigue et l'avarice
Auront chagriné nos amours.
De notre époque peu comprise,
Personne ne se souviendra
Que d'Abélard et d'Héloïse.   *bis.*
Le monde encor parlera.
En vain la force etc...
Ah ! viens, je t'aime, viens, je t'aime,
Sois tout à moi, ah ! tout à moi.

SCÈNE VII

FULBERT. HÉLOISE.

FULBERT, *entrant.*

Tiens ! tu es seule ?

HÉLOÏSE.

Oui, mon oncle...

FULBERT.

Où donc est Bertrade? J'avais un ordre à lui donner.

HÉLOÏSE.

Elle est allée chercher...

FULBERT.

Qui donc?

HÉLOÏSE.

Mon mari...

FULBERT, *bondissant.*

Hein?

HÉLOÏSE, *lui prenant le bras.*

Vous souvenez-vous, mon oncle, de m'avoir dit que désormais tous mes désirs seraient des ordres pour vous... que vous ne me refuseriez jamais rien...

FULBERT.

Oui, mais...

HÉLOÏSE.

Un mais, déjà?

FULBERT.

Non... Cependant, ma chère nièce.

HÉLOÏSE, *avec fermeté.*

Je veux me marier.

FULBERT, *à part.*

Allons, bon, ça va lui reprendre! (*Haut.*) Et avec qui? bon Dieu!

HÉLOÏSE.

Avec mon professeur...

FULBERT.

Quel professeur?

HÉLOÏSE.

Maître Abélard!

FULBERT, *bondissant de nouveau.*

Abélard! Tu as dit Abélard!

HÉLOÏSE.

Vous refusez?

FULBERT.

Non... certainement que je... mais...

HÉLOÏSE.

Encore !

FULBERT.

Sans doute !... je... je comprends... Mais non, je ne comprends pas... car enfin, l'aurais-tu revu?

HÉLOÏSE.

Non, mon oncle, je ne l'ai pas revu, et je ne vous adresse qu'une seule question... S'il était ici, s'il vous demandait ma main, que lui répondriez-vous?

FULBERT.

Ce que je... s'il me demandait... D'abord, cela m'étonnerait beaucoup.

HÉLOÏSE.

Pourquoi ?

FULBERT.

Non, quand je dis... certainement je serais honoré. Je serais excessivement honoré, mais cela me surprendrait beaucoup !

HÉLOÏSE.

En un mot, consentiriez-vous à ce mariage?

FULBERT.

A ton mariage avec lui? (*Riant malgré lui.*) Oui, oui, avec lui... Certainement...

HÉLOÏSE.

Hé bien ! mon oncle, je vous laisse, car il faut que j'improvise une toilette de noce, je me marie dans une heure.

FULBERT.

Dans une heure?

HÉLOÏSE.

A la chapelle voisine ! Bertrade doit avoir prévenu le chapelain, mais un mot de vous serait plus convenable, voyez le chapelain, mon oncle...

FULBERT.

Mais... explique moi,...

HÉLOÏSE.

Je n'ai pas le temps, Abélard vous dira tout... Merci, mon bon oncle..., vous êtes adorable ! (*Elle rentre vivement dans le pavillon.*)

SCÈNE VIII

FULBERT, *seul.*

Ah ça... est-ce que je rêve !... Il viendrait me demander... Oh ! c'est impossible ! Voyons... voyons... remet-
tons-nous...... je ne suis revenu que parce qu'on m'a-
vait appris qu'il avait disparu, et le voilà qui reparaît, et
pour me demander la main de ma nièce... (*Riant.*) Eh !
eh ! eh ! Ce n'est pas lui qui compromettra ma fortune...
(*Allant s'asseoir dans le bosquet.*) Car enfin, Boniface m'a
bien écrit... j'ai bien noté sur mes tablettes... (*Il tire
de sa poche un petit livret rouge et lit.*)

SCÈNE IX

FULBERT, ABÉLARD.

ABÉLARD, *entrant par la droite au fond, sans voir Fulbert.*
Personne... serais-je le jouet de quelque mystification ?
(*Relisant le billet d'Héloïse.*) « J'apprends tout ce qui s'est
passé, et je n'ai ni le temps, ni la possibilité de vous en
donner l'explication ; au reçu de ce billet, et si vraiment
vous m'aimez. » (*S'interrompant.*) Si je l'aime ! (*Reprenant.*) « Accourez bien vite, et demandez ma main à mon
oncle qui vous l'accordera, je vous le promets ; mais ne
venez que si vous êtes heureux de m'épouser et de m'é-
pouser aujourd'hui même. Vous saurez plus tard pourquoi cette condition. » — Demander sa main... mais le
dois-je..., le puis-je ? — Quand je suis ruiné, quand je
suis sans asile...

FULBERT, *à lui-même.*
Mais oui, c'est clair, c'est très clair !

ABÉLARD, *allant au bosquet.*
Quelqu'un !...

FULBERT, *se levant vivement.*
Je crois entendre...

ENSEMBLE

| ABÉLARD. | | FULBERT. |
| C'est lui ! | | Ciel ! |

ABÉLARD, *à part.*

Allons, du courage !

FULBERT, *idem.*

Si je le laisse parler, je puis me trahir.

ABÉLARD, *idem.*

Je dois lui dire la vérité.

FULBERT, *idem.*

Allons de moi-même au devant de ses désirs.

ABÉLARD.

Vous êtes surpris de me voir, maître Fulbert ?

FULBERT.

Non, je vous attendais.

ABÉLARD.

Il est donc vrai !... ce message de votre nièce ?...

FULBERT, *vivement.*

Je sais par elle que vous aspirez toujours à sa main.

ABÉLARD.

Hélas !

FULBERT, *vivement.*

Je vous l'accorde.

ABÉLARD, *avec ivresse.*

Se peut-il ?

FULBERT.

De ce pas, je me rendais à la chapelle...

ABÉLARD.

A la chapelle ?

FULBERT.

Ma nièce, elle-même, m'en a prié. Elle désire que dans une heure vous soyez son époux.

ABÉLARD.

Dans une heure ! Ah ! je serais le plus heureux des hommes, mais je dois vous apprendre.

FULBERT, *vivement.*

Il faut que le chapelain soit prévenu, et je vais...

8.

ABÉLARD.

Pardon, maître Fulbert, un mot seulement...

FULBERT, *à part*.

Comment l'empêcher de parler!

ABÉLARD.

Je dois vous dire...

FULBERT, *l'interrompant*.

Je ne veux rien savoir.

ABÉLARD.

Mais il est un fait que vous ignorez...

FULBERT.

Non, je sais tout.

ABÉLARD.

Vous savez?...

FULBERT.

Tout, vous dis-je.

ABÉLARD.

Et ça ne vous arrête pas ?

FULBERT, *à part*.

Au contraire !

ABÉLARD.

Cependant...

FULBERT.

Voyons, ne perdons pas un temps précieux, votre désir est toujours d'épouser Héloïse?

ABÉLARD.

Oh ! ce serait le bonheur de toute ma vie, mais...

FULBERT.

Eh bien! la seule condition que je mette à votre mariage, c'est que vous ne direz rien à personne... (*Hési tant.*) de ce qui s'est passé.

ABÉLARD, *a lui-même*.

Dam ! Après tout... l'avenir est à moi.

FULBERT.

L'avenir ?

ABÉLARD.

La fortune, la gloire...

FULBERT.

Parbleu !

ABÉLARD, *avec enthousiasme.*

On ne m'a pas enlevé ma renommée.

FULBERT.

Certainement...

ABÉLARD.

Et je puis encore espérer...

FULBERT, *voyant entrer Bertrade.*

Bertrade !

SCÈNE X

LES MÊMES, BERTRADE.

BERTRADE, *les apercevant.*

Ah ! pardon, je...

ABÉLARD.

C'est toi, Bertrade... Si tu savais...

FULBERT, *vivement.*

Venez ! venez avec moi ! le temps nous presse...

ABÉLARD.

Mais ne dois-je pas faire dire à Héloïse...

FULBERT.

Rien !... rien !... A elle surtout !...

ABÉLARD.

Mais...

FULBERT, *l'entraînant.*

A personne, à personne.

(*Ils sortent.*)

SCÈNE XI

BERTRADE, *seule.*

Que se passe-t-il donc ? (*Regardant à la cantonade.*) Les
voilà bras dessus, bras dessous, est-ce que vraiment ma
sœur de lait se marierait ? Comment ce serait-elle maintenant qui aurait un mari, et moi qui n'en aurais plus...
(*Elle se dirige vers le banc et s'asseoit.*) Qu'est-ce qu'il a

pu devenir, ce monstre de Boniface? (*Apercevant les ta-blettes que Fulbert a oubliées sur le banc.*) Tiens! Oh! les tablettes de maître Fulbert!... C'est là-dessus que, jour par jour, il écrit tout ce qu'il fait, et rien ne m'ôterait de la tête que Boniface est parti par son ordre... Oui, tantôt encore, quand je lui ai dit qu'il était toujours absent, sa surprise... Tant pis! Il faut que je sache!... Voyons, c'était il y a trois mois... après la Saint-Benoît. — Justement, mois de juillet et le nom de Boniface... Tiens!... celui de maître Abélard... (*Elle lit un instant tout bas. — Bientôt elle paraît surprise, puis effrayée. Elle laisse échapper de sa poitrine un* Ah! *qui montre son effroi, puis un second* Ah! *qui montre sa pitié. Se dirigeant vers le pavillon.*) Mademoiselle!... mademoiselle!...

(Elle disparaît.)

SCÈNE XII

ABÉLARD, *seul; il arrive par le fond, en courant aussi.*

Mais c'est Bertrade! Où court-elle donc?... Auprès d'Héloïse, sans doute! Dois-je courir après elle?... Non. — Cherchons plutôt à rappeler mes esprits. Son oncle a beau me recommander le silence, je ne puis épouser Héloïse sans la prévenir...

COUPLETS

I

Non, ce serait indélicat;
De ma ruine, il faut l'instruire,
Mon devoir est de tout lui dire
Avant de signer le contrat.
Que lirai-je sur son visage,
Et que me dira son regard,
Quand elle saura qu'Abélard { *bis.*
N'apporte rien en mariage? }

II

Quoi! tout viendrait de son côté :
Elle a candeur, vertu, sagesse ;
Elle a savoir, esprit, richesse,
Élégance, grâce et beauté.
Et je frémis d'un tel partage :
Tous ces trésors, voilà sa part...
Faut-il que le pauvre Abélard } *bis.*
N'apporte rien en mariage !

SCÈNE XIII

ABÉLARD, HÉLOISE, *en mariée*.

HÉLOÏSE, *entrant*.

Maître Fulbert n'est plus là !...

ABÉLARD.

Héloïse !

HÉLOÏSE.

Lui !

ABÉLARD, *allant à elle*.

Enfin... je vous revois, et mon ivresse...

HÉLOÏSE, *froidement*.

Monsieur...

ABÉLARD, *avec feu*.

Ainsi c'est bien vrai, et ce bonheur auquel je n'osais
croire... votre costume lui-même...

HÉLOÏSE, *se regardant*.

Mon costume ? (*Se cachant la figure.*) Ah !

ABÉLARD, *étonné*.

Qu'avez-vous donc ?

HÉLOÏSE, *avec dignité*.

Pardonnez-moi, monsieur.

ABÉLARD.

Monsieur !

HÉLOÏSE.

J'ignorais que vous fussiez ici, je cherchais mon oncle.

ABÉLARD.

Il me quitte à l'instant.

HÉLOÏSE, *saluant avec froideur.*

J'attendrai donc son retour...

ABÉLARD.

Vous me quittez ?

HÉLOÏSE.

Je le dois, et je vous prie...

ABÉLARD.

Héloïse !

HÉLOÏSE.

Adieu, monsieur...

ABÉLARD, *se précipitant vers elle.*

Adieu ! que signifie...

HÉLOÏSE.

De grâce !...

ABÉLARD.

Oh ! vous resterez... Est-ce possible ! Après trois mois d'absence, quand je vous retrouve, quand votre oncle lui-même approuve notre amour, consent à notre mariage... c'est vous...

HÉLOÏSE, *à part.*

Notre mariage.

ABÉLARD.

Ne m'aimez-vous donc plus ?

HÉLOÏSE.

Pour la dernière fois, monsieur...

ABÉLARD.

Ah ! je comprends ! On vous a dit...

HÉLOÏSE, *voulant se retirer.*

Monsieur...

ABÉLARD.

Et voilà ce qui vous arrête... C'est parce que je suis malheureux que vous me repoussez... Mais si vous étiez à ma place, je ne vous en aimerais que davantage !

HÉLOÏSE.

Laissez-moi, monsieur ! laissez-moi

SCÈNE XIV

Les Mêmes, BERTRADE.

BERTRADE, *entrant.*

Eh bien! Eh bien! qu'est-ce donc?

HÉLOÏSE.

Ah! viens! viens! Bertrade.

ABÉLARD.

Oui, Bertrade, sois témoin de sa perfidie, de sa trahison!
C'est pour un peu d'or qu'elle m'abandonne.

BERTRADE, *etonnée.*

Un peu d'or...

ABÉLARD

Mais je suis jeune, j'ai un grand nom, et ma fortune, je
la recommencerai.

BERTRADE.

Il sagit bien de fortune...

ABÉLARD, *avec impatience.*

De quoi s'agit-il donc?

BERTRADE.

Si vous voulez savoir, lisez! (*Elle lui remet les tablettes.
Abélard se met à lire.*) Ah! mon Dieu! la noce à présent.
(*Bruit au dehors.*)

SCÈNE XV

Les Mêmes, AMIS ET VOISINS, *ensuite* FULBERT.

FINAL

CHŒUR *à l'église.*

A l'église
Qu'on les conduise,
Qu'on les conduise sans retard.
Aujourd'hui, la sage Héloïse
Épouse le grand Abélard.

ABÉLARD *(qui a lu pendant tout le chœur, bondissant).*
Ça n'est pas vrai, ça n'est pas vrai!

TOUS.

Hein, que dit-il?

ABÉLARD, *embrassant Héloïse.*

Ça n'est pas vrai !

HÉLOÏSE.

Que faites-vous ?

ABÉLARD, *embrassant Bertrade.*

Ça n'est pas vrai !

BERTRADE.

Ciel ! m'embrasser.

ABÉLARD, *embrassant les invités.*

Ça n'est pas vrai !
Ça n'est pas vrai ! Ça n'est pas vrai !

BERTRADE.

En vérité, c'est trop d'audace!

ABÉLARD.

Oh ! je l'affirme sans délai, ⎱
     Ça n'est pas vrai ! ⎰ *bis.*

TOUS.

Mais, qu'est-ce donc qui n'est pas vrai ?

BERTRADE, *vivement.*

Monsieur Fulbert, silence!

FULBERT, *entrant.*

Ah ! tout le monde est en présence,
Et le chapelain nous attend ;
Nous allons partir à l'instant.
Toi, Bertrade, dresse la table ;
Prépare un repas délectable ;
Ce soir, nous voulons boire tous
A la santé des deux époux.

TOUS.

Oui, de grand cœur nous boirons tous
A la santé des deux époux.

(Bruit de cloches.)

FULBERT.

On nous attend à la chapelle,
Entendez les cloches tinter.
Partons, le bonheur vous appelle.

TOUS.

Le bonheur vous appelle.

BERTRADE, *à Héloïse.*

Vraiment! c'est à n'en plus douter,
Nous avions fait une méprise.

(Au public.)

On a calomnié le mari d'Héloïse.
REPRISE
A l'église, etc.

(Sortie de tout le monde, moins Bertrade.)

SCÈNE XVI

BERTRADE *seule, puis* EGINHARD.

BERTRADE.

Mettre le couvert! mettre le couvert! ne pas même les
suivre à la chapelle... (*On voit Eginhard paraître.*) Vraiment, je ne sais plus où j'en suis !... Bien certainement,
j'ai eu tort de croire, et surtout de dire à Héloïse...
(*Eginhard, qui a reconnu Bertrade, s'approche d'elle à pas
de loup et l'embrasse.*)

EGINHARD.

Je t'aime!

BERTRADE.

Ah!

EGINHARD.

Me reconnais-tu?

BERTRADE.

Monsieur Eginhard!

EGINHARD.

Tu te souviens de moi?

BERTRADE.

Tout au plus! Je vous croyais au diable!

EGINHARD.

Tu ne te trompais pas, j'étais avec ton mari.

BERTRADE.

Avec mon mari... vous?

EGINHARD.

Figure-toi une histoire incroyable, impossible! Tu te
souviens du jour où tu m'as renvoyé par une petite porte.
Je me creusais l'esprit pour trouver un moyen de l'ouvrir,

lorsqu'Abélard m'apprend qu'il en a la clef. Cette clef, il me la montre, et très adroitement je m'en empare.

BERTRADE.

Vous vous en emparez?

EGINHARD.

J'avais dans l'idée d'aller te raconter une histoire dans ta chambre.

BERTRADE.

Eh bien?

EGINHARD.

Tu vas voir. A peine entré, huit hommes se jettent sur moi, me bâillonnent, arrachent mes habits...

BERTRADE, *poussant un cri.*

C'était vous!

EGINHARD.

C'était moi!

BERTRADE.

Ah! malheureux jeune homme!

EGINHARD.

Tu me plains... (*Il l'embrasse.*)

BERTRADE, *tristement.*

Allez, allez, embrassez-moi tant que vous voudrez.

EGINHARD.

Tant que je voudrai...

BERTRADE, *à part.*

Pauvre jeune homme!... ce n'est pas dangereux...

EGINHARD.

Mais je ne suis pas à plaindre du tout! Au moment où je me croyais perdu, un cri se fait entendre et une voix prononce ces mots : Ciel! c'est Théodore! Il a la gueule!

BERTRADE, *étonnée.*

Théodore!... La gueule!...

EGINHARD.

Et cette voix était celle de ton Boniface de mari! Enfin, pour abréger, j'apprends, toujours de la bouche du susdit, que je suis le fils d'un grand seigneur; que si je veux le suivre, je vais être comblé d'honneurs et de richesses; mais qu'il faut partir, partir cette nuit-là même. Tu com-

prends que je ne pouvais pas dire à ton mari que je pré-
férais retourner auprès de toi. — Je le suivis, et en effet,
j'ai retrouvé mes parents. Je suis aujourd'hui le baron de
Castel-Sarrazin.

BERTRADE.

Mais, lui, mon mari...

EGINHARD.

Nous sommes revenus ensemble! Désormais nous
vivrons comme trois frères, dont une sœur, et je passerai
ma vie à embrasser ma sœur.

BERTRADE, *se défendant.*

Eh bien, voulez-vous finir!

SCÈNE XVII

Les Mêmes, FULBERT, *puis* BONIFACE.

FULBERT, *entrant et se dirigeant vers le bosquet.*
Imprudent!... mes tablettes que je crois avoir laissées là!
Si... (*S'arrêtant à la vue d'Eginhard embrassant Bertrade.*)
Hein? qu'est-ce à dire?

BERTRADE.

Ciel!

FULBERT.

Que signifie, madame?

BERTRADE.

C'est... c'est mon frère...

FULBERT.

Vo tre frère?

BERTRADE.

Qui m'annonce le retour de mon mari.

FULBERT, *allant au bosquet.*

Ah! il revient .. (*Cherchant.*) Je ne les vois pas...

BERTRADE.

Vous cherchez quelque chose?

FULBERT.

Oui. Des tablettes, un livre rouge, tu ne l'as pas vu?

BERTRADE, *ayant l'air de chercher aussi.*

Moi... non.

VOIX DE BONIFACE, *au dehors*.

Merci... merci, mes amis; à tout à l'heure...

BERTRADE.

Boniface !

FULBERT.

Mon mari!

BONIFACE, *entrant*.

Ah! Bertrade! ma femme... (*Il l'embrasse.*)

EGINHARD, *les séparant*.

Assez... assez... il y a du monde...

BONIFACE.

Maître Fulbert! (*Il ouvre son escarcelle.*)

FULBERT.

Te voilà de retour?

BONIFACE.

Oui, et bien aise de vous rencontrer. Voilà votre argent.

FULBERT.

Comment! mais non... C'est, au contraire, moi qui te dois...

BONIFACE.

Vous ne me devez rien.

FULBERT.

Rien, dis-tu?

BONIFACE.

Non! Par l'excellente raison que je n'ai pas exécuté vos ordres.

FULBERT.

Hein! tu n'as pas?..

BONIFACE.

Heureusement! Et voilà vos onze termes... avec celui qui court!

FULBERT.

Et le mariage qui se termine... Ah! s'il en est temps encore... (*Il va pour sortir; on entend les cloches.*) Trop tard! Ruiné!... je suis ruiné!

SCÈNE XVIII

FULBERT, ABÉLARD, EGINHARD, BONIFACE,
HÉLOISE, BERTRADE, AMIS et VOISINS.

BERTRADE, *qui est remontée.*
Oui, les voilà qui sortent de l'église.
Pierre Abélard est l'époux d'Héloïse.
FULBERT, *à part.*
Lui, son époux!
ÉGINHARD.
Le ciel comble nos vœux,
A l'avenir, nous serons tous heureux.

CHŒUR.

Cloches, sonnez et carillonnez ferme.
Carillonnez, pour apprendre aux élus
Que notre planète renferme
Aujourd'hui deux heureux de plus.
HÉLOÏSE et ABÉLARD.
Nous allons pouvoir, sans mystère,
Main dans la main, aux yeux de tous,
Vivre en nous aimant. — Ah! pour nous,
Le paradis est sur la terre.
ABÉLARD, *à Fulbert.*
Et maintenant, ô mon cher maître,
Permettez-moi de vous remettre
Ce memento...
FULBERT.
Ciel!
BERTRADE, *riant, à part.*
Quel effroi!
ABÉLARD, *bas à Fulbert.*
Effacez, effacez bien vite,
Certaine erreur qui, par la suite,
Pourrait faire jaser sur moi!
HÉLOÏSE, *à Fulbert.*
Ma reconnaissance est extrême!

ABÉLARD.

A mon bonheur, il ne manque plus rien.

FULBERT, *à part.*

Il faut toujours, je le vois bien,
Faire ses affaires soi-même!

CHŒUR GÉNÉRAL.

Cloches, sonnez et carillonnez ferme, etc.

(Le rideau baisse.)

FIN DU TROISIÈME ET DERNIER ACTE

QUADRILLES

Amour et son Carquois (l'), opérette de Ch. LECOCQ, par A. LAMOTTE, piano
Orchestre net

Bien d'autrui (le), opéra comique de Samuel DAVID, par A. LAMOTTE, piano
Orchestre net

Boîte de Pandore (la), de Henry LITOLFF, par STRAUSS, piano. . . .
Orchestre net

Carnaval d'un Merle blanc (le), sur des motifs de Ch. LECOCQ, par ARBAN, piano

Conducteur d'omnibus (le), sur la chans. à grand succès, par O. METRA, piano
Orchestre net

Ma chanson ou les *Enfants de Bacchus!* par N. BOUSQUET, piano . .
Orchestre net

Muses en goguette (les), par L. C. DESORMES, piano. . . . .
Orchestre net

Nuit du 15 Octobre (la), sur l'opérette de G. JACOBI, par A. LAMOTTE, piano
Orchestre net

Patrie, sur des motifs du drame de V. SARDOU, par A. VIZENTINI, piano

Petit Bordeaux (le), par DESGRANGES, piano . . . .
Orchestre net

Quadrille patriotique, sur des airs nationaux français, par A. LAMOTTE, piano
Orchestre net

Rajah de Mysore (le), sur l'opérette de Ch. LECOCQ, par ARBAN, piano. . .
Orchestre net

Saint-Yron (la), sur l'opérette de CLAMENTS, par CLAMENTS, piano . . . . .

Souhaits ridicules (les), sur l'opérette de CLAMENTS, par CLAMENTS, piano

Second mouvement (le), sur des chans. à gr. succès, par A. LAMOTTE, piano
Orchestre net

Memnon, de Charles GRISART, par Léon DUFILS, piano . . . .
Orchestre net

Tu l'as voulu, sur l'opérette de Samuel DAVID, par A. LAMOTTE, piano . . .
Orchestre net

Héloïse et Abélard, sur des motifs par H. LITOLFF par ARBAN, piano. . . .
Orchestre net

Héloïse et Abélard, sur des motifs de H. LITOLFF, par Léon DUFILS, piano
Orchestre net

MUSIQUE POUR INSTRUMENTS DIVERS

Boîte de Pandore (la), airs arrangés par RELLER, pour cornet à piston. . . .

Boîte de Pandore (la), airs arrangés par GARIBOLDI, pour flûte seule. . . . . .

Boîte de Pandore (la), airs arrangés par DELEAU pour violon seul. . . . .

Boîte de Pandore (la), fantaisie par G. GARIBOLDI, pour flûte et violon. . . .

Boîte de Pandore (la), fantaisie par E. OUVIER, pour violon et piano. . . . . .

Héloïse et Abélard, fantaisie pour violon, flûte, cornet à piston, chaque suite

BOUQUET DE MARIAGE

Album de 10 chansons pour NOCES, paroles de MAURICE BADUEL,
musique de LAGARD.

N. 1. *Chanson du marié.*
N. 2. *Chanson de la mariée.*
N. 3. *Chanson du père.*
N. 4. *Chanson de la mère.*
N. 5. *Chanson du garçon d'honneur.*

N. 6. *Chanson de la demoiselle d'honneur.*
N. 7. *Chanson du cousin.*
N. 8. *Chanson de la cousine.*
N. 9. *Chanson du témoin.*
N. 10 *Chanson d'un invité.*

Chaque chanson séparée, net 0,40 cent. — en recueil, les 10, net : 2 francs.

Grand choix de chansons, chansonnettes et romances nouvelles.

PARIS. — IMPRIMERIE ALCAN-LÉVY

9 782329 610443